Inhaltsverzeichnis

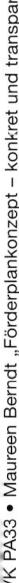

Vorwort der Autorin

Liebe Kolleginnen und Kollegen,

Förderpläne sind in aller Munde. Angst vor Mehrarbeit und die Sorge weniger Zeit für die Kinder zu haben, sind unsere Befürchtungen, wenn Förderpläne zur Sprache kommen.

Trotz all dem müssen wir mit Förderplänen arbeiten, spätestens wenn der Unterricht jahrgangsübergreifend wird. Aber auch für jahrgangsbezogene Klassen besteht die Pflicht, ein schulinternes Förderkonzept zu entwickeln.

Dieses Buch soll Ihnen den Einstieg in die Arbeit mit Förderplänen erleichtern. Ich selbst arbeite nun seit fast zwei Jahren mit Förderplänen und nach anfänglichen Problemen habe ich einen Weg gefunden, den Kindern und mir in der Arbeit gerecht zu werden. Die Entwicklung der Förderpläne sowie der Umgang mit ihnen wird in diesem Buch ausführlich erläutert; es soll Ihnen Mut machen, die neue Herausforderung für die Grundschule und speziell die flexible Schuleingangsphase anzunehmen.

Ich wünsche Ihnen den Mut anzufangen, die nötige Ruhe beim Erstellen der ersten Förderpläne, die Kraft durchzuhalten und ein erfolgreiches Arbeiten mit Ihren Schülern.

Ihre Maureen Berndt

Für Kritik und Anregungen stehe ich Ihnen gerne unter meiner E-Mail-Adresse *Maureen_berndt@yahoo.de* zur Verfügung.

Vorwort des Verlages

Liebe Leserinnen und Leser, Kolleginnen und Kollegen,

als im Dezember 2001 die Ergebnisse der ersten PISA-Studie veröffentlicht wurden, ging eine Welle des Entsetzens durch Deutschland: Die deutschen Schülerinnen und Schüler landeten in einem weltweiten Vergleich von 32 Ländern in allen untersuchten Bereichen unter dem OECD-Mittelwert.

Die Resultate von PISA und nachfolgenden, vergleichbaren Studien (beispielsweise IGLU), setzten eine kontroverse Diskussion in Bewegung, in Folge derer zahlreiche Konzepte zur Verbesserung der Leistungen deutscher Schüler entwickelt wurden, die umfassende Veränderungen im deutschen Schulwesen nach sich ziehen.

Ein zentrales Ergebnis der Reformbewegungen ist die Einführung von so genannten Bildungsstandards in den Fächern Deutsch, Mathematik und Englisch für alle Schulformen. Diese definieren Kompetenzen, die für alle Schüler erreichbar und verbindlich sein sollen und seit dem Schuljahr 2004 / 2005 mit Hilfe von Lernstandserhebungen in den Klassen 4 und 9 überprüft werden.

Damit die Festlegung und Überprüfung von Standards nicht zu einer weiteren Selektion und Aussonderung lernschwächerer Schüler führt, sind entscheidende Veränderungen im Unterrichtsalltag der Lehrerinnen und Lehrer notwendig: Es müssen geeignete und effektive Förderkonzepte entwickelt werden, die gewährleisten, dass jeder Schüler individuell gefördert wird und die Möglichkeit erhält, die festgelegten Anforderungen zu erreichen.

Eine besondere Herausforderung kommt hierbei auf die Lehrerinnen und Lehrer im jahrgangsübergreifenden Unterricht der flexiblen Schuleingangsphase zu, die in Zukunft Schüler von bis zu drei verschiedenen Altersstufen in einer Klasse unterrichten werden. Um auch hier eine Individualisierung des Lernens zu ermöglichen, wird ein Konzept zur systematischen Förderung der Schüler unabdingbar. „Schwache stärken, Starke fördern", lautet die Devise.

An dieser Stelle setzt der vorliegende Band „Förderplankonzept – konkret und transparent" an. Schritt für Schritt zeigt er auf, wie Sie, auf der Grundlage einer differenzierten Diagnostik und der Erstellung von Förderplänen, den Anforderungen einer individuellen Förderung gerecht werden können. Seine praxisorientierte Gestaltung gibt Ihnen zahlreiche Fallbeispiele, Formulierungshilfen und Kopiervorlagen bereits erprobter Förderpläne an die Hand und ermöglicht einen sofortigen Einstieg in die Thematik ohne großen zusätzlichen Mehraufwand.

Das Grundlagenwerk wird in Zukunft kontinuierlich ergänzt durch fachspezifische Förderkonzepte (z. B. Deutsch, Mathematik) und konkrete Arbeitsmaterialien für einen differenzierten und jahrgangsübergreifenden Unterricht.

Wir wünschen Ihnen viel Spaß und Erfolg bei der Arbeit mit dem Förderplankonzept.

Ihr Buch Verlag Kempen

Einleitung

„Jedes Neue ist unvollkommen;
jedes Neue findet für seine Existenz die
denkbar ungünstigste Umwelt vor;
jedes Neue findet nur wenige Menschen,
die es verstehen.
Zu diesen Menschen gehören, das sei Eure Aufgabe!"
(Unsere Schule, Schulzeitung der Hamburger Berlinertorschule, 7.3.1929. In: Eggert 1997, S.17)

Förderpläne sind etwas Neues im Bereich der Grundschulpädagogik; neben ihren Verfechtern gibt es jedoch auch zahlreiche Skeptiker, die bezweifeln, ob Förderpläne wirklich notwendig für die individuelle Förderung der Kinder sind. Wenn ich mich dabei auf das Eingangszitat beziehe, so wird es nie einen wirklich günstigen Zeitpunkt geben, um innovativ tätig zu werden. Immer wird es Widersprüche geben. Veränderte Zielsetzungen können nun einmal nicht mit völlig neuen Menschen erreicht werden. Sie müssen den in der Praxis arbeitenden Pädagogen nahe gebracht werden, die zum Teil schon lange unterrichten.

Das vorrangige Ziel von Förderplänen ist es, die Leistungsfähigkeit der Schüler der Primarstufe zu steigern. Des Weiteren sollen, als Konsequenzen von PISA (Program for International Student Assessment) und IGLU (Internationale Grundschul-Lese-Untersuchung), jahrgangsübergreifende Klassen sowie individuellere Fördermaßnahmen den Kindern den Schulstart erleichtern.
Lehrer sind angehalten, aufbauend auf einer intensiven Schuleingangsdiagnostik, alle Kinder entsprechend ihrer Fähigkeiten noch intensiver zu fördern und darüber hinaus diese Förderungen auch schriftlich zu fixieren. Die Aufgabe der Pädagogen soll sich stetig zu der eines Moderators entwickeln, der die Kinder zum selbstständigen Lernen anleitet und sie in ihrem Lernprozess beobachtet und unterstützt, kurz: sie begleitet.
So muss das vorrangige Ziel des Unterrichts, laut IGLU, nun verstärkt darauf ausgerichtet sein, leistungsschwächere Schüler nicht zu überfordern und leistungsstärkere Kinder nicht zu unterfordern.

Insbesondere bei der Arbeit im ersten und zweiten Schuljahr beobachte ich immer häufiger Kinder, deren Verhalten Auffälligkeiten zeigt. Diese Kinder haben Förderbedarf in unterschiedlichen Bereichen. Einige dieser Kinder können dem Unterrichtsinhalt nur schwer folgen, andere dagegen sind dem Unterrichtsstoff voraus.
Diese Beobachtungen in Verbindung mit der Relevanz der individuellen Förderung waren meine Motivation und der Anlass, ein Konzept zur Erstellung von Förderplänen in der flexiblen Schuleingangsphase zu entwickeln, zu erproben und zu reflektieren. Dieses Ziel gewinnt angesichts der Tatsache an Bedeutung, dass es derzeit kaum grundschuldidaktisch aufbereitete Fortbildungen und Material zur Erstellung von Förderplänen gibt, seit dem Schuljahr 2004/2005 aber alle Grundschulen angehalten sind, Förderpläne zu erstellen und mit ihnen zu arbeiten.
Mit Hilfe der Förderpläne soll die Weiterentwicklung der Grundschule vorangetrieben werden, um so den Anforderungen des Bildungswesens in einer Zeit nach PISA und IGLU gerecht zu werden. Eine bedeutende Schlüsselqualifikation bildet hierbei die Lesekompetenz, zumal die deutschen Schüler laut PISA und IGLU deutliche Schwierigkeiten hatten, komplexere Textinhalte zu erfassen. Die Lesekompetenz der Schüler hat weitreichende Konsequenzen für den gesamten Unterricht. So hat ein Schüler mit geringer Lesekompetenz z. B. auch Schwierig-

keiten, mathematische Sachverhalte zu erlesen und zu verstehen.

Seit der ersten PISA-Studie sind nun mehr als drei Jahre vergangen, in denen neue Schulgesetze formuliert und Lehrpläne umgestaltet wurden. Die Schulen sind seitdem angehalten, ihre Fördermaßnahmen zu überprüfen und zu optimieren. Als Hilfen sollen dabei unter anderem Förderpläne und jahrgangsübergreifende Unterrichtsmaßnahmen dienen.

So wird sich dieses Buch schwerpunktmäßig mit folgenden Fragestellungen beschäftigen:

- Wie können Förderpläne dazu beitragen, Kinder individueller und gezielter zu fördern?
- Wie kann ich Förderpläne nutzen, um den neuen Anforderungen der flexiblen Schuleingangsphase gerecht zu werden?
- Wie gestalte ich ein Förderplanformular? Welche Vorbereitungsmaßnahmen sind notwendig? Welche Aspekte muss / sollte das Förderplanformular enthalten?
- Wie kann ich Förderpläne ohne einen allzu großen Mehraufwand erstellen und in meiner Klasse / Schule einsetzen?
- Wie kann ich, zusammen mit meinem Kollegium, ein schuleigenes Förderkonzept erstellen?

Entstanden ist dieses Werk aus meiner Arbeit an einer Grundschule in Nordrhein-Westfalen (Städtische Katholische Grundschule I (KGS I) in Kempen). Alle Praxisbeispiele entstammen daher der Zeit an meiner Ausbildungsschule. So liegt auch seine Grundidee bereits im Schulprogramm dieser Schule verankert, welche sich jedoch, auf Grund ihres allgemein gültigen Charakters, problemlos auf andere Schulen übertragen lässt. Nimmt man beispielsweise das Schulprogramm „meiner" Schule zur Hand, findet man hinsichtlich des Fördergedankens unter anderem folgende Schwerpunkte:

> *„Wir bemühen uns, allen Kindern eine individuelle Förderung zu Gute kommen zu lassen. Dazu gehören einerseits die ‚Förderung besonders begabter Schülerinnen und Schüler', andererseits aber auch ‚Förderkurse zur Aufarbeitung von Lerndefiziten in Sprache und Mathematik"* (Schulprogramm KGS I, S. 3).

Um diese Ziele zu gewährleisten, ist es notwendig, die Fördermaßnahmen schriftlich festzuhalten, damit die betroffenen Kollegen eine Arbeitsgrundlage haben, über die Fortschritte der Kinder und die Konsequenzen für den gemeinsamen Unterricht zu sprechen und notwendige Maßnahmen zu ergreifen.

Vorstellung des Inhaltes

Bevor ich mit der Entwicklung eines konkreten Förderkonzeptes beginne, möchte ich einen kurzen Überblick über die theoretischen Hintergründe und Grundlagen voranstellen, die in den nächsten Jahren für umfassende Veränderungen im Unterricht an den Grundschulen sorgen werden. Neben einer Begriffsbestimmung der flexiblen Schuleingangsphase wird an dieser Stelle auch auf die neuen Richtlinien der Grundschule Bezug genommen sowie das Thema Förderdiagnostik und Förderpläne als lernprozessbegleitendes Instrument des Unterrichts vorgestellt. Wer mit diesen schulpolitischen Änderungen bereits vertraut ist, kann auch direkt in den Praxisteil („Die Entwicklung eines Förderkonzeptes") einsteigen. Es empfiehlt sich jedoch, um sich die Bedeutung und Ziele von Förderdiagnostik und Förderplänen noch einmal zu vergegenwärtigen, als Einstieg mit dem letzten Kapitel des Theorieteils („Förderdiagnostik und Förderpläne") zu beginnen.

Kernanliegen meiner Arbeit ist es, ein praxisorientiertes Konzept zu entwickeln, das die einzelnen Schritte auf dem Weg zu einem Förderplanformular anschaulich dokumentiert und den Lehrern zahlreiche Anregungen, Formulierungshilfen und konkrete Förderplanvorlagen zum sofortigen Einsatz in ihrer Klasse an die Hand gibt.

Aus diesem Grunde werden bereits ab dem zweiten Kapitel ("Die Entwicklung eines Förderkonzeptes") die notwendigen Maßnahmen zur Vorbereitung eines Förderplanes beschrieben, wobei z. B. Aspekte wie die Erstellung von ersten Beobachtungsbögen, die Einbeziehung der derzeitigen Förderpraxis oder die Zusammenarbeit mit den Kollegen zur Sprache kommen.

Im Anschluss daran werden die einzelnen Teile des von mir entwickelten Förderplanformulars vorgestellt, das sowohl für die Unterstützung leistungsschwacher Kinder als auch zur Förderung leistungsstarker Kinder genutzt werden kann.

Das kopierfertige Formular ist bereits vielfach erprobt worden und eignet sich zum sofortigen Einsatz in der eigenen Klasse. Möchte man lieber ein eigenes Formular entwerfen, bietet es zahlreiche Anregungen zur Erstellung und zum Aufbau eines Förderplanformulars.

Exemplarisch wird im nachfolgenden Kapitel ("Fallbeispiel: Lena") die Förderung eines lernschwachen Mädchens aus der 2. Klasse, Lena, aufgegriffen, um neben den vorgestellten Beobachtungsbögen und dem Förderplanformular auch konkrete Formulierungshilfen zum Ausfüllen des Formulars anbieten zu können. Im zweiten Beispiel ("Fallbeispiel: Tim") wird im Anschluss ein Junge der ersten Klasse vorgestellt, der im Gegensatz zu Lena sehr gute fachliche Leistungen zeigt, jedoch erheblichen Förderbedarf in Bezug auf sein Sozialverhalten sowie seine Grob- und Feinmotorik aufweist.

Das abschließende Kapitel ("Vorstellung des entwickelten Konzeptes im Kollegium") zeigt auf, wie Sie Ihr einzeln oder in Teams erstelltes Förderplanformular dem restlichen Kollegium vorstellen und mit der Ausarbeitung eines schuleigenen Förderplanformulares beginnen können.

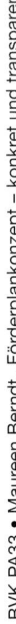

Förderplankonzept

Theoretische Grundlagen

Allgemeines

Untersuchungen haben ergeben, dass die Entwicklung von Schulanfängern bis zu drei Jahre differiert. In den ersten Monaten ihrer Schulzeit werden einige Kinder folglich damit konfrontiert, dass andere möglicherweise schneller und besser lernen als sie selbst. Diese Selbsteinschätzung bezieht sich nicht nur auf ihre kognitiven Leistungen, sondern auf ihre gesamte Person.

Dem Kind muss daher das Gefühl gegeben werden, dass es als vollwertige Person akzeptiert wird, ohne dass ausschließlich seine Leistungen im Vordergrund stehen: Es gilt daher, das Selbstwertgefühl der Schüler zu stärken.

Wesentliche Voraussetzung zur Stärkung des Selbstwertgefühls bei Kindern ist ein positives Lernklima. An dieser Stelle setzen auch die gegenwärtigen Umbrüche in der Bildungspolitik deutscher Grundschulen an. Ein positiveres Lernklima soll beispielsweise dadurch geschaffen werden, dass Kinder unterschiedlicher Altersstufen miteinander und voneinander lernen und gemäß ihrer Lernvoraussetzungen und -möglichkeiten individuell gefördert werden.

Ziel ist es, Ängste und Minderwertigkeitsgefühle seitens der Kinder zu vermeiden sowie ihre Lernfähigkeit und ihre sozialen Kompetenzen zu steigern. Zentrales Stichwort in diesem Zusammenhang ist die flexible Schuleingangsphase, deren Hintergründe und Grundgedanken im folgenden Kapitel kurz erläutert werden sollen.

Die flexible Schuleingangsphase

Im Mai 1994 verabschiedete die Kultusministerkonferenz die Neufassung der „Empfehlung zur Arbeit in der Grundschule". Dort wurden zwar vielfältige Hinweise zum Schulanfang und zum Anfangsunterricht gegeben, die damalige in den einzelnen Bundesländern praktizierte Einschulungspraxis wurde in ihrer Grundstruktur aber nicht in Frage gestellt.

Erst ein gutes Jahr später, im September 1995, erteilte die Kultusministerkonferenz den Auftrag an die einzelnen Schulausschüsse, *„die gegenwärtige Einschulungspraxis zu überprüfen und Vorschläge zur Optimierung des Schulanfangs zu erarbeiten"* (Ministerium für Schule, Jugend und Kinder des Landes Nordrhein-Westfalen (MSJK NRW), S. 4).

Im Oktober 1997 schließlich beschloss die Kultusministerkonferenz die „Empfehlungen zum Schulanfang". Diese hatten zum Ziel, in den einzelnen Bundesländern Maßnahmen zu schaffen, die zur Reduktion der Rückstellungsquoten beitragen. Zudem sollten Eltern zur vorzeitigen Einschulung ihrer Kinder ermutigt werden.

Maßgebend am Elternwunsch und den Beschlüssen der Kultusministerkonferenz orientiert, ist es folgerichtig, die bisherige Praxis einer notwendigen und amtlich attestierten „Schulfähigkeit" abzuschaffen und den Schuleintritt in die Grundschule flexibel zu gestalten.

Die ersten beiden Klassen werden zur Eingangsstufe zusammengefasst. In dieser altersübergreifenden Schuleingangsphase haben die Kinder eine variable Verweildauer. Je nach Entwicklungsstand und Lernfortschritt des Kindes kann die Versetzung in Klasse 3 nach einem, zwei oder drei Jahren geschehen. Die Versetzung in die dritte Klasse erfolgt im Einvernehmen mit den Eltern durch die Zeugniskonferenz.

förderplankonzept

Handhabung in den einzelnen Bundesländern

In Nordrhein-Westfalen beispielsweise wird die neue Schuleingangsphase zeitlich gestuft einge-führt. Seit dem Schuljahr 2004 / 2005 steht es den Schulen frei, die Klassen 1 und 2 als Ein-gangsstufe einzuführen. Ab dem Schuljahr 2005 / 2006 wird die Schuleingangsphase dann aller-dings verbindlich an den Grundschulen eingeführt, sofern die Schule nicht, mit Zustimmung der Schulkonferenz, ein Konzept entwickelt, das die individuelle Förderung der Kinder im jahr-gangsbezogenen Klassenverband gewährleisten kann (vgl. MSJK NRW 2003, S. 9).
Dadurch soll erreicht werden, dass den Kindern der Start in die Schulzeit durch didaktisch und organisatorisch veränderte Möglichkeiten erleichtert wird.

In anderen Bundesländern laufen seit einigen Jahren Modellversuche zur Umgestaltung der Schuleingangsphase. Baden-Württemberg z. B. integriert Schulanfänger durch den so genann-ten „Schulanfang auf neuen Wegen" und Brandenburg sammelte erste Erfahrungen in der „FLEX" (Schulversuch zur flexiblen Schuleingangsphase 2001–2004).
Diese Konzeptionen und Berichte sind auch in die Überlegungen zur Neugestaltung der Schul-eingangsphase in NRW herangezogen worden. Umgekehrt können daher auch Überlegungen zur Fixierung der Fördermaßnahmen in anderen Bundesländern aufgegriffen werden.
Zusammenfassend lässt sich sagen, dass durch die flexible Schuleingangsphase nun allen Kindern eine ihrer Lernentwicklung entsprechende Lernzeit von drei bis fünf Jahren in der Grundschule gewährt werden soll.
Sie soll ihren Beitrag dazu leisten, dass die Kinder *„[...] ihren eigenen Lerntyp [...] entdecken* (vgl. Vester 1978), *einen eigenen Lernstil aufbauen und nach eigenem Lerntempo arbeiten [...]"* (Knauf 2001, S. 32) lernen.

Veränderungen für Lehrer und Schüler

Damit Kinder in der flexiblen Schuleingangsphase effektiv und erfolgreich lernen können, wer-den die Erwartungen an die Lehrkräfte der Grundschulen steigen und sich verändern. Im Idealfall werden sie die Rolle eines Lernbegleiters für das einzelne Kind übernehmen, ohne jedoch die Verantwortung für die Ergebnisse des Lernens aufzugeben.
Durch die so genannten *„verbindlichen Anforderungen"* nach Klasse 2 und 4 sind den Lehrern in NRW in den neuen Lehrplänen klare Vorgaben gesetzt worden, welche Erwartungen sie an ihre Schüler zu stellen haben.

Grundlegendes Prinzip des Unterrichts werden daher offene Unterrichtsformen sein, wie sie in der Grundschule bereits seit längerem anzutreffen sind. Durch den offenen Unterricht gelingt es, den individuellen Bedürfnissen der Schüler in höherem Maße gerecht zu werden. Ein Vorteil dieser Unterrichtsform besteht z. B. darin, dass die Lehrkraft Kinder mit Lernschwierigkeiten stärker anleiten kann, damit auch diese Schüler die verbindlichen Anforderungen der Lehrpläne erreichen. Ein wesentlicher Aspekt der Unterrichtsgestaltung wird zudem das Prinzip sein, dass Kinder selbst Verantwortung für ihren Lernerfolg übernehmen (dazu später mehr).
Darüber hinaus müssen sich die Pädagogen bewusst sein, dass sie in Zukunft möglicherweise Schüler aus vier verschiedenen Geburtenjahrgängen in einer Eingangsstufe unterrichten. Die Konsequenz ist folglich, dass in der unterrichtlichen Praxis Kinder mit sehr unterschiedlichen Lernvoraussetzungen aufeinander treffen und allein aus diesem Grund offene Unterrichtsformen erforderlich werden. In diesen heterogenen Lerngruppen sollen schließlich alle Kinder ihren eigenen Voraussetzungen gemäß gefördert werden.
Demnach lernen in der flexiblen Schuleingangsphase alle Kinder mit günstigen und ungünsti-gen Lern- und Entwicklungsvoraussetzungen gemeinsam. Ebenso werden Kinder mit besonde-

ren Begabungen gemeinsam mit Kindern gefördert, deren Schulfähigkeit nicht ausreichend ausgeprägt ist. Langsam lernende Schüler, genauso wie Schüler, die schneller lernen oder in einzelnen Lernbereichen besondere Begabungen aufweisen, sollen individuell und gezielt gefördert werden. Um diese Entwicklung gewährleisten zu können, muss die Lernentwicklung eines jeden Kindes beobachtet und möglichst genau, aber dennoch leicht nachvollziehbar, dokumentiert werden.

Deshalb ist die Erarbeitung einer Förderkonzeption eine wichtige Aufgabe der Grundschulen, um jedem Kind die individuell notwendige Förderung zukommen lassen zu können. Die Bedeutung der individuellen Förderung ist auch in den Richtlinien der einzelnen Bundesländer verankert und wird, wie das nächste Kapitel aufzeigt, ausdrücklich von diesen gefordert.

Richtlinienbezug

Die Richtlinien zur Grundschule geben an, dass ihre vorrangige Aufgabe darin besteht, alle Kinder unter Berücksichtigung ihrer individuellen Voraussetzungen in ihrer Persönlichkeitsentwicklung, den sozialen Verhaltensweisen sowie ihren musischen und praktischen Fähigkeiten gleichermaßen umfassend zu fördern. Dabei sollen grundlegende Fähigkeiten, Kenntnisse und Fertigkeiten in Inhalt und Form so vermittelt werden, dass sie an die individuellen Lernmöglichkeiten und Erfahrungen der Kinder angepasst sind. Die Grundschule muss somit dem Anspruch eines jeden Kindes auf individuelle Förderung gerecht werden und zugleich allen Kindern tragfähige Grundlagen für weiterführendes Lernen vermitteln. Diese Forderung gilt speziell dann, wenn Lernvoraussetzungen fehlen.

> *„Der Auftrag zu sozialer Koedukation erfordert es, alle Kinder möglichst innerhalb der Grundschule zu fördern. Deshalb müssen sich die Lehrer gerade auch solcher Kinder annehmen, die Schwierigkeiten haben, die Ziele der Grundschule zu erreichen."*
> (aus: Richtlinien und Lehrpläne für die Grundschule NRW 1985, S. 11)

Die schriftliche Planung und Überprüfung der Fördermaßnahmen ist bisher nicht explizit in den Richtlinien gefordert, eine schriftliche Grundlage bietet dem Lehrer aber einige Vorteile, beispielsweise zur Vorbereitung von Zeugnissen oder Elterngesprächen (vgl. Kapitel „Die Entwicklung eines Förderkonzeptes"). Dass diese Förderplanung schriftlich erfolgen sollte, wurde beispielsweise in NRW im Konzept zur Schuleingangsphase vom Ministerium für Schule, Jugend und Kinder festgelegt (vgl. MSJK NRW 2003, S. 5).

Doch nicht nur in Nordrhein-Westfalen greifen die überarbeiteten Lehrpläne die individuelle Förderung der Grundschulkinder sowie die Notwendigkeit der Verschriftlichung von Fördermaßnahmen auf. Auch die Lehrplankommissionen anderer Bundesländer sehen in diesem Punkt eine in Zukunft stärker zu beachtende Aufgabe. So werden auch in Sachsen-Anhalt, ähnlich wie in NRW, nach Klasse 2 und 4 so genannte „fachspezifische Kompetenzerwartungen" an die Kinder gestellt. Diese Erwartungen setzen voraus, dass die Schüler Grundwissen als Basis sicher und flexibel anwenden können. Um diese Ziele zu erreichen sind fächerübergreifendes Arbeiten, die *„Analyse von Lernfortschritten sowie Maßnahmen zur Förderung"* unverzichtbar. Entsprechend soll auch die Gestaltung des Unterrichts vorgenommen werden und genügend Freiraum für eine individualisierte Gestaltung der Lern- und Lehrprozesse in der Lerngruppe geboten werden (vgl. Grundsatzband der Richtlinien des Landes Sachsen-Anhalt, S. 6). Für die Lehrplankommission des Landes Sachsen-Anhalt ist die Vielfalt der Kinder *„als Chance zu begreifen und als Herausforderung zu verstehen, damit durch die individuelle Förderung optimale Lernergebnisse"* (ebd. S. 9) zu erreichen.

BVK PA33 • Maureen Berndt „Förderplankonzept – konkret und transparent"

Der Lehrplan der bayerischen Grundschule schließt sich dieser Meinung an und fordert gerade für den Anfangsunterricht *„eine genaue Erfassung der Lernausgangslage und eine kontinuierliche Beobachtung jedes Kindes sowie eine differenzierende Unterrichtsarbeit"* (Bayerisches Staatsministerium für Unterricht und Kultus 2000, S. 11). Zwar hält der bayerische Lehrplan die Verschriftlichung der erforderlichen Fördermaßnahmen nicht verbindlich fest, doch auch hier zeigt sich, dass der Umgang mit einheitlichen Förderplänen durchaus sinnvoll erscheint, um den Lehrpersonen eine Arbeitsgrundlage zu bieten, *„die weitere Planung des Unterrichts"* vornehmen zu können und somit ein *„Diagnoseinstrument zur individuellen Förderung aller Schüler"* zur Hand zu haben. Denn auch dieses Bundesland fordert von seinen Grundschülern das Erreichen *„verbindlicher Ziele"* mit dem Übergang in die weiterführende Schule.

So wird in allen Lehrplänen und Richtlinien für die Grundschule deutlich, dass die Schule nicht nur Lernort, sondern auch Lebensraum für die Kinder ist. Die individuelle Förderung der Kinder ist dabei von grundlegender Bedeutung, um in den Schülern Selbstvertrauen in das eigene Können wachsen zu lassen. Mit Rücksicht auf die persönliche Lernausgangslage des Kindes, durch klare Zielformulierungen, Ermutigung, Lob und Anerkennung sollen die Kinder erfahren, dass es sich lohnt zu lernen, sich anzustrengen, auch Fehler zu akzeptieren und Arbeitsaufträge zu beenden. Eine vertrauensvolle Atmosphäre hilft jedem Kind, sich zunehmend realistischer einzuschätzen.

Neben der individuellen Förderung der Kinder ist auch die Reflexion der Unterrichts- und Erziehungsarbeit in den Richtlinien verankert. Auf die Förderdiagnostik muss eine gezielte Förderung folgen, das heißt, der Lehrer muss Entscheidungen hinsichtlich der Entwicklung seiner Schüler treffen und sein weiteres unterrichtliches Handeln planen. Somit ist der Lehrer in regelmäßigen Abständen angehalten, die Anforderungen an seine Schüler *„und damit verbundene Fördermaßnahmen [...] zu überprüfen"* (Richtlinien zur Erprobung NRW 2003, S. 24). Damit die Fördermaßnahmen noch individueller gestaltet und besser nachvollzogen werden können, kommt an dieser Stelle auch die Bedeutung von individuellen Förderplänen für die einzelnen Schüler zum Tragen, wie im Folgenden aufgezeigt wird.

Förderdiagnostik und Förderpläne

Wie die vorangegangenen Kapitel zeigen: Schulen entwickeln und verändern sich. Begriffe wie Qualität, Qualitätsentwicklung und Qualitätssicherung machen die Runde. Bildungsstandards, Lernstandserhebungen, Arbeitspläne etc. haben in den Schulalltag Einzug gehalten. Auch Förderpläne werden in der Grundschule bald zum Alltag gehören.

Um ein Kind gezielt fördern zu können, ist es notwendig, eine fundierte Lernstands- und Förderdiagnostik möglichst vor der Einschulung, spätestens aber zu Beginn der Schulzeit sowie während des laufenden Lernprozesses durchzuführen. Die Schwerpunkte der diagnostischen Arbeit liegen zum einen in der gezielten Beobachtung der Kinder, andererseits in der Durchführung ausgewählter diagnostischer Verfahren zur Beurteilung des Entwicklungsstands eines Kindes bei Schuleintritt. Denn:

> *„Eine gezielte pädagogische Förderung in der Grundschule kann sinnvoll zuerst dann beginnen, wenn der Pädagoge Kenntnisse und Informationen über die spezifischen Voraussetzungen der betroffenen Kinder besitzt. Somit setzt eine Förderung [...] auch in der Grundschule eine grobdiagnostische Abklärung voraus"* (Günther 1998, S. 46).

Nur auf Grundlage dieser gezielten Beobachtungen und der daraus folgenden diagnostischen Beurteilung können fehlerhafte Denkprozesse oder soziale Auffälligkeiten eines Kindes nachvollzogen werden.

Vorsicht gilt jedoch beim Einsatz von standardisierten Tests. Wenn die Testergebnisse nur angeben, in welchen Bereichen das Kind schlechtere Ergebnisse als die Vergleichsgruppe erzielt, dann bieten sie nur wenig Hilfe bei der Überlegung, von welchen Fördermaßnahmen das Kind profitieren kann (vgl. Kapitel „Von den Stärken ausgehen"). Als zentrales Ziel einer Förderdiagnose sollte immer die Beantwortung der Frage stehen: „Wie können wir dem Kind helfen?". Dabei ist eine Förderdiagnose nicht als Ausgrenzung des Kindes vom Klassenunterricht zu verstehen. Sie dient lediglich dazu, etwaige Schwierigkeiten oder besondere Begabungen frühzeitig zu erkennen und geeignete Fördermaßnahmen für das Kind zu ergreifen.

Aufbauend auf der Diagnose können nun die Schritte, die für den weiteren Entwicklungsprozess des Kindes notwendig erscheinen, in einem Förderplan fixiert werden. Es ist immer auch zu beachten, dass bei einer Beobachtung oder einer Förderdiagnose kein endgültiges Bild des Kindes, sondern lediglich eine Momentaufnahme seiner derzeitigen Lernentwicklung entsteht.

Unterschiede in den einzelnen Bundesländern
Die Handhabung der Förderdiagnostik ist in den Bundesländern durch geringe Unterschiede gekennzeichnet. In Baden-Württemberg wird die Förderdiagnostik an Schulen eingesetzt, an denen die entsprechenden personellen Voraussetzungen gegeben sind. Bayern bietet förderdiagnostische Möglichkeiten in Zusammenarbeit mit den schulischen Beratungsdiensten und sonderpädagogischen Mobilen Diensten an (Dienste von Förderzentren, die zur Betreuung von Kindern mit sonderpädagogischem Förderbedarf in die einzelnen Schulen kommen).

Des Weiteren gibt es für alle Grundschulen Fortbildungen auf regionaler und überregionaler Ebene. Dennoch sind die Schulen auch hier nicht berichtpflichtig und die Kooperation mit entsprechenden Angeboten erfolgt auf freiwilliger Basis. Dagegen ist in Brandenburg zwar der Wille vorhanden, förderdiagnostisch tätig zu werden, doch fehlen auch hier die notwendigen Stunden zur Unterstützung durch einen Sozial- oder Sonderpädagogen.

So gibt es in den Bundesländern zwar kaum Möglichkeiten zur Erstellung einer Förderdiagnostik der Kinder; allgemein kann aber festgehalten werden, dass auch eine ausführliche Beobachtung des Kindes in jedem Fall dazu führt, dass das fördernde Lehrerteam eine gute Arbeitsgrundlage besitzt, auf deren Basis es Entscheidungen über die Fördermaßnahmen des Kindes treffen kann. Diese Fördermaßnahmen werden dann in einem Förderplan schriftlich fixiert.

Was ist ein Förderplan?
Verbindlich waren individuelle Förderpläne bisher nur an Schulen für Kinder mit sonderpädagogischem Förderbedarf. Für die übrige Schülerschaft gab es keine Verpflichtung. Im Zuge der flexiblen Schuleingangsphase wird sich das jedoch ändern. Jedes Kind soll noch stärker entsprechend seiner Stärken und Schwächen gefördert werden. Diese individuelle Förderung muss ab dem Schuljahr 2005/2006 in einem Förderplan festgehalten werden. Dabei ist es nicht relevant, ob sich die Schule bereits zum Schuljahr 2004/2005 oder erst ein Jahr später entschließt, die flexible Schuleingangsphase einzuführen. Auch Schulen, die sich gegen den jahrgangsübergreifenden Anfangsunterricht entscheiden, müssen diese Verschriftlichung der Fördermöglichkeiten in ihr Konzept aufnehmen und für Gruppen von Schülern oder einzelne Kinder Förderpläne erstellen. Diese Förderpläne ermöglichen dem Lehrer, die Lernfortschritte des Schülers kontinuierlich zu überprüfen und zu dokumentieren.

förderplankonzept

Ein Förderplan dient grundsätzlich als förderdiagnostisches Planungs- und Reflexionsinstrument der Förderung von Schülern:

- Er beinhaltet die Ziele für eine individuelle pädagogische Förderung und bildet für den Lehrer die Grundlage des unterrichtlichen Handelns.
- Er dokumentiert fortlaufend die Entwicklung und die zukünftigen Entwicklungschancen des Kindes.

Förderpläne müssen einerseits Aussagen über den fachlichen Förderbedarf des Kindes beinhalten, andererseits halten sie die Ziele, Rahmenbedingungen und Umsetzungsmöglichkeiten der Förderung fest. Diese Unterlagen dienen dann den Personen, die an der Förderung des Kindes beteiligt sind, als gemeinsame Arbeitsgrundlage.

Ziel ist die Einigung über individuelle Förderziele als Orientierungshilfe für die schulische Förderung. Dabei werden Schwerpunkte festgelegt, die neben der individuellen Entwicklung des Kindes auch die organisatorischen Bedingungen sowie die realistischen Erfolgserwartungen berücksichtigen. Je nach Förderschwerpunkt kann ein Förderplan daher unterschiedlich gestaltet werden, damit die jeweils wichtigsten Aspekte der Förderung dargestellt werden können. Zudem ist zu beachten, dass ein Schüler Förderbedarf in verschiedenen Schwerpunkten haben kann. In welcher Form eine Schule den Förderbedarf und die Entwicklung der Schüler fixiert, ist nicht verbindlich vorgeschrieben. Jedoch ergeben die unterschiedlichen Förderschwerpunkte, bezogen auf das Lernumfeld der Kinder, für alle Schulen die Notwendigkeit, eine eigene Form der Verschriftlichung zu finden.

Die Entwicklung eines Förderkonzeptes

Das Förderkonzept – ein kurzer Überblick

„Die Grundschule muss Förderung als permanente Aufgabe von Unterricht begreifen und als gemeinsame Aufgabe im Kollegium annehmen, denn Förderung bezieht sich auf alle Kinder."
(Schrodin, S. 21)

Will man an der eigenen Schule ein Konzept zur Erstellung von Förderplänen entwickeln, ist es zunächst sinnvoll, sich im Kollegium über bereits gemachte Vorerfahrungen sowie Wünsche, Hoffnungen und Ängste auszutauschen. Diese Informationen können einer Arbeitsgruppe, die sich mit der Erstellung des Rahmens für Förderpläne sowie eines schuleigenen Formulars zur Erstellung von Förderplänen befasst, eine wichtige Grundlage sein. Nur über diesen vorherigen Austausch, dessen Ergebnisse in die Arbeit aufgenommen werden, und den steten Austausch im Laufe der Entstehung, kann gewährleistet werden, dass langfristig gesehen ein Konzept entsteht, mit dem das gesamte Kollegium bereit ist zu arbeiten.

Ein zweiter Arbeitsschritt besteht daher darin, das zu erarbeitende (schulinterne) Förderkonzept mit den Zielen der Arbeit der einzelnen Schule im Sinne des Schulprogramms abzustimmen.

Ein zentraler Aspekt des Schulprogramms der KGS I, die an dieser Stelle beispielhaft für andere Schulen erwähnt werden soll, lautet beispielsweise:

„Eine kindgerechte Leistungsschule ist für uns eine Schule, die fördert und fordert, aber nicht aussondert. Sie vermittelt jedem Kind, dass es etwas kann, dass sich Anstrengung lohnt, dass Lernen miteinander Spaß macht." (Schulprogramm KGS I, S. 13)

Die Kinder sollen folglich durch individuelle Differenzierung erfahren, dass jedes von ihnen zielerreichend lernen kann.

In einem Förderplan werden nun Schritte, die für den weiteren Entwicklungsprozess eines Kindes wichtig erscheinen, erfasst und festgeschrieben. Als Grundlage dient dabei immer die genaue Analyse des aktuellen Entwicklungsstandes des Kindes. Neben fachlichen Dimensionen finden sich in einem Förderplan immer auch erzieherische Förderziele wieder, um allen Entwicklungsdimensionen des Kindes Beachtung zu schenken.

Im Anschluss an die Förderdiagnose werden Ziele formuliert, die in einem individuell festgelegten Zeitraum erreicht werden sollen. Um das Erreichen der Ziele zu gewährleisten, werden methodische Schritte formuliert.

Anschließend werden für jeden Entwicklungsschritt die daran beteiligten Personen bestimmt. Neben dem Klassenlehrer sollte das Team auch aus den Fachlehrern und gegebenenfalls einem Sonder- oder Sozialpädagogen bestehen. Somit fließen in einen Förderplan auch die Grundhaltungen aller an der Erstellung beteiligten Personen mit ein. Auch diese Haltungen sind Teil des Förderkonzeptes.

Im Laufe der Entwicklung wird das Konzept immer wieder überarbeitet und aktualisiert. Die geforderten Ziele werden in festgelegten Intervallen überprüft und reflektiert. Intention des Förderkonzeptes sollte sein, den Entwicklungsprozess des entsprechenden Kindes über einen längeren Zeitraum effektiv voranzutreiben. Zentrales Ziel eines gemeinsamen Förderkonzeptes für die Schüler einer Schule ist zudem, die Fördermaßnahmen aller Kinder, ob lernschwach oder besonders begabt, in einem Förderplan fixieren zu können. Dadurch, dass die Ziele schriftlich fixiert werden, dokumentieren die Förderpläne die Lernentwicklung der Kinder und bieten eine gemeinsame Arbeitsgrundlage für alle an der pädagogischen Arbeit beteiligten Personen.

Am Ende des Schuljahres dienen sie zudem als Unterstützung bei der Formulierung der Zeugnisse. Nicht zuletzt sind Förderpläne eine geeignete Grundlage für Elterngespräche und bieten ständig einen Überblick über den aktuellen Entwicklungsstand des Kindes.

Förderplankonzept

Die Entwicklung eines Förderkonzeptes

Von den Stärken ausgehen

Um ein Kind gezielt zu fördern, muss der Lehrer dessen Entwicklungsstand analysieren und darauf aufbauen. Dabei müssen sowohl die Stärken als auch die Schwächen eines Kindes im Zentrum der Förderung stehen, denn Fördern versteht Unterricht als dynamischen Prozess mit dem Kind. Deshalb gilt bei der Arbeit mit Förderplänen – wie auch allgemein – nicht mehr der „Defizitansatz", also nur das zu sehen, was fehlt, und mit allen Mitteln versuchen es zu ändern, sondern auch die Stärken der Kinder zu erkennen und zu nutzen, um davon ausgehend bestimmte Inhalte mit bestimmten Methoden zu vermitteln.

Bei der Erstellung des Förderplans und der anschließenden Förderung des Kindes dürfen allerdings weder die Defizite übersehen, noch die nicht vorhandenen Fähigkeiten geleugnet werden. Daher muss jeder Lehrer von den Stärken seiner Schüler ausgehen und darf dabei das Ziel der größtmöglichen selbstständigen Arbeit im unterrichtlichen Alltag nicht aus den Augen verlieren. Wichtig ist dabei, dass das Kind im Vordergrund steht.

Es sollte nach Möglichkeit aktiv an der Förderung beteiligt sein.

Die Beobachtungsphase

Wie bereits im Kapitel zur Bedeutung der Förderdiagnostik (vgl. S. 10) deutlich wurde, und auf Grund der neuen Anforderungen durch die flexible Schuleingangsphase, ist es notwendig, die Kinder vom ersten Tag an gezielt zu beobachten und die Beobachtungen festzuhalten, um aus diesen Erkenntnissen konkrete Fördermaßnahmen ableiten zu können. Nur so kann man sich schon früh ein Bild von den Lernvoraussetzungen der einzelnen Kinder machen. An dieser Stelle beginnt die eigentliche Entwicklung des Förderplans: Die Stärken und Schwächen der Kinder sowie ihre Fördermöglichkeiten werden schriftlich festgehalten. Am Anfang geschieht dies noch unstrukturiert.

Die Beobachtungen können von einem Lehrer (Klassenlehrer) gemacht werden; möglich ist aber auch, dass die Kinder von verschiedenen Lehrern in unterschiedlichen Fächern beobachtet werden (z. B. wenn man überprüfen möchte, ob ein Kind in Fächern, die nicht von demselben Lehrer unterrichtet werden, beispielsweise Sprache / Mathematik und Sport / Kunst ähnliche Stärken / Schwächen aufweist.

Ich sammelte meine Beobachtungen und Ideen zunächst auf Karteikarten, um schließlich einen ersten Förderplan für die Kinder erstellen zu können. Dabei muss jedoch beachtet werden, dass die gezielte Beobachtung aller Kinder selbstverständlich nicht in einer Unterrichtseinheit oder an einem Tag erfolgen kann. Sinnvoll erscheint es mir, jeweils einen ausgewählten Beobachtungsschwerpunkt innerhalb eines festgesetzten Zeitraumes zu untersuchen. Während dieser Phase können dann einige Kinder, maximal jedoch fünf, gezielt auf diesen Schwerpunkt hin beobachtet werden. Die Beobachtungen können entweder auf einer Karteikarte oder aber auf den nachfolgenden Beobachtungsbögen festgehalten werden, wobei auch der Einsatz unterschiedlicher bzw. mehrerer Beobachtungsbögen je Schüler möglich ist.

Auf der Seite 16 wird zunächst ein Beobachtungsbogen zur freien Verschriftlichung der beobachteten Informationen vorgestellt.

Anschließend folgen Beobachtungsbögen zum Ankreuzen zu unterschiedlichen Schwerpunkten, um dem Leser den Einstieg in die Arbeit mit dieser neuen Herausforderung zu erleichtern. Bei diesen Bögen empfiehlt es sich, die während des Unterrichts gemachten Beobachtungen durch Symbole in den Tabellen festzuhalten. Dadurch lassen sich die individuellen Fördermaßnahmen nach Abschluss der Beobachtungen schnell zurückverfolgen.

Auf einem Beobachtungsbogen können die Informationen über bis zu fünf Kinder festgehalten werden.

Für den Eintrag in die Tabelle sind folgende Symbole denkbar:

++   ausgesprochen gute Fähigkeiten

+   dem Standard entsprechende oder gute Fähigkeiten

-     braucht Förderung, um den Standard zu erreichen oder zu halten (zeigt Auffälligkeiten)

--   braucht intensive Förderung, um den Standard zu erreichen (zeigt starke Auffälligkeiten)

Eine Einteilung in „+" und „–" ohne eine neutrale Bewertungsmöglichkeit ist deshalb sinnvoll, da ein Beobachter dazu neigt, in Zweifelsfällen die Mitte anzukreuzen, durch diese Entscheidung aber nicht die nötigen Informationen für die anschließende Förderplanung erhält.

Gegebenenfalls kann das „+" und das „–" zusätzlich mit einem ↓ oder ↑ gekennzeichnet werden. So wird verdeutlicht, ob in diesem Bereich eine Verbesserung oder Verschlechterung zu erwarten ist, bzw. ob das Kind gefördert werden muss, um den derzeitigen Standard zu halten.

Zeigt ein Kind in einem Bereich keine Handlung, ist dies durch „n. b." = „nicht zu beobachten" zu dokumentieren.

Konnte ein Aspekt bei einem Kind aus anderen Gründen nicht beobachtet werden, bleibt das Feld leer.

Sehr junge Kinder (Antragskinder) sollten ebenfalls besonders gekennzeichnet werden, da speziell die motorische und soziale Entwicklung in dieser Altersspanne sehr schnell fortschreiten kann, möglich wäre hier die Kategorisierung „* = Antragskind".

Die Entwicklung eines Förderkonzeptes – Beobachtungsbogen

Datum: _____   Uhrzeit: _____

Klasse / Lerngruppe: _____

Beobachtungsschwerpunkte: _____

_____

Name des Kindes	Beobachtung

Förderplankonzept

Datum: _____   **Uhrzeit:** _____

Klasse / Lerngruppe: _____

Beobachtungsschwerpunkt: Motorik (Feinmotorik)

Name des Kindes					
Motorik					
Feinmotorik					
• schreibt mit der rechten Hand					
• schreibt mit der linken Hand					
• keine eindeutige Händigkeit erkennbar					
• kann in angemessenem Tempo aus- und einpacken					
• kann eine Schleife binden					
• kann Knöpfe, Reißverschluss etc. handhaben					
• richtige Stifthaltung (Pinzettengriff)					
• schreiben, malen, zeichnen					
Visumotorik					
• hält Begrenzungen beim Aus- und Nachmalen ein					
• ist geschickt im Gebrauch von Werkzeugen					
• kann entlang einer Linie schneiden					
• kann exakt falten					
• kann vorgegebene Linien nachzeichnen					

Bemerkungen: _____

_____

_____

_____

förderplankonzept

Die Entwicklung eines Förderkonzeptes – Beobachtungsbogen

Datum: _____ **Uhrzeit:** _____

Klasse / Lerngruppe: _____

Beobachtungsschwerpunkt: Motorik (Grobmotorik)

Name des Kindes					
Motorik					
Grobmotorik					
• allgemeine Geschicklichkeit					
• Bewegungssicherheit					
• Bewegungskoordination					
• Bewegungsschnelligkeit					
• Reaktionsfähigkeit					
Visumotorische Koordination					
• kann einen hochgeworfenen Ball wieder auffangen					
• kann einen Ball zielgenau werfen					
Bewegungsgeschicklichkeit					
• kann einen Ball prellen					
• kann rückwärts laufen					
• kann auf einer umgedrehten Bank balancieren					
• kann Seilchen springen					
• kann auf dem rechten Bein hüpfen					
• kann auf dem linken Bein hüpfen					

Bemerkungen: _____

_____

_____

_____

förderplankonzept

Datum: _____   Uhrzeit: _____

Klasse / Lerngruppe: _____

Beobachtungsschwerpunkt: Wahrnehmung

Name des Kindes					
Wahrnehmung					
visuelle Differenzierung					
• erkennt Unterschiede bei ungleichen Bildpaaren					
Figur–Grund–Wahrnehmung					
• kann ein Detail in einem Bild wiedererkennen					
• kann ein Puzzle zusammensetzen					
• kann sich überschneidene Linien von einem Ausgangspunkt zu einem Ziel mit den Augen verfolgen					
auditive Wahrnehmung					
• kann Wortpaare am Klang unterscheiden					

Bemerkungen: _____

_____

_____

_____

Ein Förderplan entsteht

Im Anschluss an die Beobachtungsphase begann ich mit der Erarbeitung eines Entwurfs für ein Förderplankonzept einer Grundschule. Ein bedeutendes Ziel ist dabei, eine übersichtliche, gut händelbare und einheitliche Form von Förderplänen zu entwickeln. Gerade bei einem Lehrerwechsel, meist turnusmäßig nach vier Jahren Grundschule, demnächst vermutlich nach Abschluss der flexiblen Schuleingangsphase, soll der Förderplan eine detaillierte Information der vorangegangenen Fördermaßnahmen ermöglichen. Dadurch sollen die Kollegen bereits während der Phase des gegenseitigen Kennenlernens die Förderung des Kindes weiterführen können.

> **Allgemein betrachtet ist das Ziel der Förderpläne,
> die Transparenz für die Kontinuität der Förderung zu
> gewährleisten und langfristig auch zu optimieren.**

Einbeziehung der derzeitigen Förderpraxis

Um ein effektives Förderkonzept für die Schule zu entwickeln, ist es zudem notwendig, die derzeitige Förderpraxis zu reflektieren. Die Reflexion der bisherigen Förderung im Unterricht sowie die Organisation von klassen- und jahrgangsübergreifenden Kleinfördergruppen bieten einen Überblick über die tägliche Arbeit an der Schule und sind hilfreich bei der Entwicklung einer schuleigenen Förderkonzeption.

An vielen Schulen gibt es z. B. bereits eine gezielte Förderung von Kindern mit Lese-Rechtschreibschwächen, aber auch für Schüler mit mathematischen Schwierigkeiten werden klassenübergreifende Förderkurse angeboten. Darüber hinaus erhalten Kinder mit nicht-deutscher Muttersprache muttersprachlichen Ergänzungsunterricht sowie unterstützende Lernangebote zum Erlernen der deutschen Sprache. Um eine möglichst große Aussicht auf Erfolg zu haben, setzen diese Förderkurse früh ein. Regelmäßig wird hierbei über einen Zeitraum von mindestens einem halben Jahr in Gruppen mit maximal zehn Kindern gearbeitet. So ist es sinnvoll, wenn sich beispielsweise die Lehrer der Förderkurse kontinuierlich mit den Lehrern der entsprechenden Klassen absprechen und mit ihnen gemeinsam das Förderkonzept erarbeiten.

Mit diesen Fördergruppen ist bereits ein Anfang zur Erstellung von Förderplänen geschaffen. Allerdings findet die Fixierung derzeit nur selten einheitlich statt. Daher soll das Formular zur Erstellung von Förderplänen auch die Förderkonzepte der klassenübergreifenden Förderkurse optimieren.

Die Ergebnisse einer solchen Reflexion dienen als Grundlage für die Entwicklung eines schuleinheitlichen Förderkonzeptes.

Wer ist an der Erstellung eines Förderplanes beteiligt?

Die Vorstellung, gleichzeitig für fast alle Kinder unterschiedliche Lern- und Entwicklungspläne zu planen und organisieren zu müssen, verursacht bei vielen Kollegen nachvollziehbare Widerstände. Sie befürchten, den damit verbundenen Anforderungen, d. h. beobachten, analysieren, diagnostizieren und jedes Kind individuell zu fördern, nicht entsprechen zu können. Speziell der zeitliche Faktor ist dabei für viele von zentraler Bedeutung.

Nicht nur aus diesem Grund wird ein Team, das sich die Arbeit teilt, effektiver arbeiten können als eine Einzelperson.

Wie bereits erläutert, soll ein Lehrer die Stärken seines Schülers als Grundlage für die Förderung nehmen. Dennoch darf er aber auch dessen Grenzen und Probleme nicht außer Acht lassen. Gemeinsam mit Fachlehrern und gegebenenfalls Sozial- oder Sonderpädagogen setzt der Klassenlehrer Förderziele fest. Geeignete Lerninhalte, Lernstrategien und Fördermaßnahmen für das Kind werden ausgewählt. Direkt im Anschluss werden diese Förderziele auf ihre Reali-

sierung überprüft, denn nicht alle Maßnahmen lassen sich im Unterrichtsalltag so verwirklichen, wie es wünschenswert wäre.

Einige Fördermaßnahmen bedürfen einer Kleingruppenförderung, wie sie an vielen Schulen für die Lernbereiche Deutsch und Mathematik üblich sind. Darüber hinaus ist es sinnvoll, auch Kleingruppenförderungen im Bereich der Wahrnehmung oder Feinmotorik anzubieten. Die Ursache vieler Lernprobleme liegt nämlich nicht unbedingt im fachlichen Bereich, sondern häufig weisen die Schüler viele elementare Lernprobleme auf. Neben aller Kleingruppenförderung, bei der eine Verschriftlichung obligatorisch und zur kontinuierlichen Weiterarbeit unerlässlich ist, ist es äußerst notwendig, auch die Fördermaßnahmen im Klassenunterricht schriftlich festzuhalten, um die individuellen Fortschritte dauerhaft zurückverfolgen zu können.

Bei einigen Fördermaßnahmen wird auch die Unterstützung der Eltern notwendig sein, insbesondere, wenn außerschulische Maßnahmen zur Erreichung der Ziele genutzt werden müssen, wie die Anwendung bestimmter Therapien (z. B. Ergotherapie, Logotherapie ...). Um die Ideen zur Optimierung der Förderung festzuhalten, muss sich das Kollegium in regelmäßigen Abständen darüber austauschen, diese Ideen reflektieren und gegebenenfalls in das Konzept aufnehmen. Dabei ist besonders die Kooperation untereinander von Bedeutung, um schließlich differenzierte Arbeitsangebote zur Verfügung stellen zu können und das Lernen der Kinder durch verschiedene Aufnahmekanäle zu ermöglichen. Je offener und vielfältiger die Angebote sind, die der Lehrer macht, desto mehr Kinder werden im Unterricht angesprochen. Jedes einzelne Kind kann auf diese Weise vom Unterricht profitieren.

„Je mehr Arten der Erklärung angeboten werden, je mehr Kanäle der Wahrnehmung benutzt werden [...], desto fester wird das Wissen gespeichert, desto vielfältiger wird es verankert und auch verstanden, desto mehr Schüler werden den Wissensstoff begreifen und ihn später auch wieder erinnern." (Vester 1998, S. 51)

Hinweis:
Damit jedes Teammitglied, aber auch andere interessierte Lehrer sowie die Eltern des Kindes, die festgehaltenen Fördermaßnahmen nachvollziehen können, sollte der Gebrauch von speziellen Fachausdrücken weitestgehend vermieden werden, zumal solche Ausdrücke oftmals die wahre Bedeutung verschleiern. Falls sich die Verwendung von Fachausdrücken dennoch nicht vermeiden lässt, sollten diese Begriffe aus Gründen der allgemeinen Verständlichkeit erklärt werden.

Überprüfung und Modifizierung der Förderziele
Auf diesen Teil der Förderplanung folgt die Überlegung, bis wann das jeweilige Förderziel erreicht werden soll und ein Zeitpunkt zur Evaluation des Förderplans wird festgesetzt. Damit ist die erste Phase der Erstellung eines Förderplans abgeschlossen. In den folgenden Wochen wird an der Erreichung der Förderziele gearbeitet. Etwa sechs Wochen später, spätestens aber nach drei Monaten, erfolgt die Überprüfung der Ziele. Wurden die angestrebten Förderziele erreicht, werden neue Ziele gesetzt. Ziele, die noch nicht erreicht wurden, aber in absehbarer Zukunft erreicht werden können, werden mit einem neuem Zeitpunkt versehen. Ist absehbar, dass ein Förderziel hingegen vorläufig nicht erreicht werden kann, wird es durch andere Ziele ersetzt. Unter Berücksichtigung der Stärken des Kindes wird der Förderplan, in Zusammenarbeit aller an der Förderung des Kindes beteiligten Personen, stetig überarbeitet und fortgeschrieben.

Evaluation des Förderkonzeptes

Da eine Lehrperson ihre tägliche pädagogische Arbeit kritisch reflektieren und bei Bedarf notwendige Korrekturen vornehmen muss, stellt die Evaluation einen wichtigen Bestandteil schulischer Praxis dar. Die „Evaluation ist die systematische Sammlung, Analyse und Bewertung von Informationen über schulische Arbeit". (Ministerium für Schule und Weiterbildung, Wissenschaft und Forschung des Landes NRW,1999, S. 11)

Das Ziel der Evaluation besteht in der Überarbeitung des in diesem Werk angebotenen und exemplarisch erstellten Förderkonzeptes. Dabei sollen auf Grund der dokumentierten Erfahrungen, Hinweise auf sinnvolle Ansätze sowie Hinweise zur Weiterentwicklung des Konzeptes eruiert werden, um auf diese Weise einen brauchbaren Ansatz für die Arbeit mit Förderplänen in der Grundschule zu gewinnen.

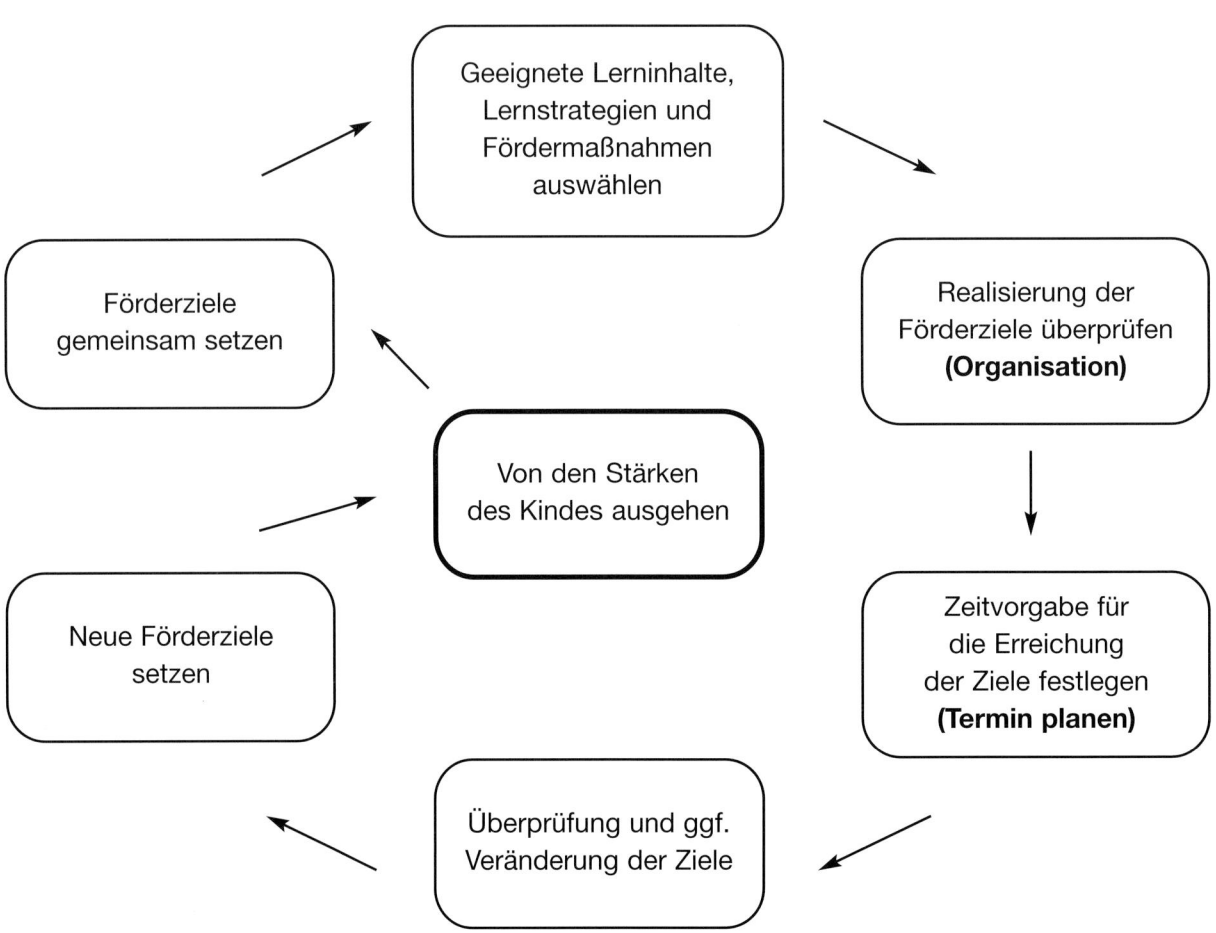

Zusammenfassend lassen sich folgende Grundlagen festhalten, die bei der Erstellung eines Förderplans in chronologischer Reihenfolge relevant sind und beachtet werden sollten:

- *Was ist? – Die Beobachtung und Fixierung des Entwicklungsstandes (Diagnose)*

- *Was wird? – Die Frage der Prognose*

- *Was sollte werden? – Die Festlegung von Entwicklungszielen*

- *Wie kann das Ziel erreicht werden? – Festlegen von Methoden und Maßnahmen zur Erreichung des Ziels*

- *Was ist geworden? – Die Evaluation der Prognose*

Förderplankonzept

Das entwickelte Förderplanformular

Ein Förderplan muss praktikabel und leicht zu handhaben sein, zudem soll er – wie bereits erwähnt – alle für den Unterricht bedeutsamen Informationen über das Kind beinhalten. Es ist sinnvoll, dem eigentlichen Förderplan ein Deckblatt voranzustellen, auf dem alle für den Förderplan notwendigen Daten über das Kind festgehalten werden.

Das Deckblatt

Neben notwendigen Daten über den Schüler, das Schuljahr und die beteiligten Lehrer wird im Deckblatt der **Beginn der Fördermaßnahme** festgehalten. Zentraler Punkt dieser ersten Seite ist eine Kurzvorstellung des Kindes. Sie umfasst eine Beschreibung des Kindes mit seinen Fähigkeiten, seinen Schwierigkeiten sowie seiner Selbstwahrnehmung. Zudem bietet es die Möglichkeit zu vermerken (z. B. durch Ankreuzen), in welchen Bereichen der **vorrangige Förderbedarf** des Schülers liegt. Das Deckblatt hält die **Stärken des Schülers** fest, die als Grundlage für den Förderplan dienen sowie seine **Probleme / Grenzen**. Des Weiteren muss die **beobachtete Selbstwahrnehmung des Schülers** festgehalten werden, das heißt, was beob-achte ich als Lehrer bei der Selbsteinschätzung des Kindes. Außerdem ist sein Arbeitsverhalten zu analysieren.

Darüber hinaus hält das Deckblatt das Datum der **Evaluation** fest. Durch Ankreuzen kann fixiert werden, ob und wann das festgelegte Förderziel erreicht wurde. Zudem bleibt Platz für weitere Anmerkungen. Dieser letzte Abschnitt des Deckblattes kommt frühestens bei der ersten Evaluation des Förderplans zum Tragen, da zunächst die erste Förderung vollzogen sein muss, bevor diese Ziele überarbeitet werden können.

Das Deckblatt steht zwar zu Beginn des Förderplans, kann aber erst ausgefüllt werden, wenn man sich länger mit dem Kind beschäftigt und die Eckdaten für den Förderplan festgelegt hat. Der Grund, diese Daten und Informationen dennoch zu Beginn des Formulars zu platzieren, ist der bereits angesprochene Ansatz, von den Stärken des Kindes auszugehen, da ein anderer Eindruck von dem Kind entsteht, wenn man zuerst über seine Stärken und erst anschließend über seine Schwierigkeiten berichtet. Dennoch ist es meist einfacher, etwas über die Schwierigkeiten des Kindes auszusagen als über seine Stärken. Denn um die Stärken des Kindes einschätzen zu können, muss ich mich sehr viel intensiver mit dem Kind auseinander setzen. Diese Auseinandersetzung ist aber größtenteils erfolgt, sobald man den Förderplan ausgefüllt hat.

Bei meiner ersten Arbeit mit Förderplänen stellte ich fest, dass die Erweiterung des Deckblattes genügend Spielraum zulässt, um bei Bedarf weitere Informationen über das Kind zu ergänzen. Bei der Evaluation des Förderplans wird in der Regel ohnehin ein neues Deckblatt erstellt, da sich auf Grund der gezielten Förderung sowohl die Probleme des Schülers als auch seine Stärken oder seine Selbstwahrnehmung geändert haben können. Das ursprüngliche Deckblatt und der alte Förderplan sollten jedoch zur Dokumentation, und um die Entwicklung des Kindes besser nachvollziehen zu können, stets nachgeheftet werden.

Förderplan für: _____

Klasse: _____   Schuljahr: _____

Klassenlehrer: _____   Fachlehrer: _____

Beginn der Fördermaßnahme: _____

Vorrangiger Förderbedarf:

- O Sozialverhalten
- O Arbeitsverhalten
- O Wahrnehmung
- O Motorik
- O Konzentration
- O schriftlicher Sprachgebrauch
- O Rechtschreibung
- O mündlicher Sprachgebrauch
- O Lesen
- O Mathematik
- O Sonstiges: _____

Stärken des Schülers / der Schülerin:

_____
_____
_____

Probleme / Grenzen des Schülers / der Schülerin:

_____
_____
_____

Beobachtete Selbstwahrnehmung des Schülers / der Schülerin:

_____
_____
_____

Evaluation des Förderplans am: _____

- O **Ziel erreicht am:** _____
- O **Ziel überarbeitet und neu festgelegt**
- O **Ziel vorläufig zurückgestellt**

  Anmerkung: _____
  _____
  _____
  _____

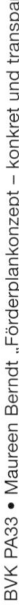

Förderplankonzept

Der Förderplan

Der Förderplan kann in seiner Struktur an das Arbeitsblattformular der Grundschulen angeglichen werden. Da die Arbeitspläne im Allgemeinen die gleichen Ziele verfolgen, nämlich die Zielorientierung in einzelnen Lernbereichen für ein Schuljahr festzuhalten, kann dieses Formular als allgemein gültig betrachtet werden.

Sicherlich wird es in einer Klasse mit etwa 25 Kindern zeitlich kaum möglich sein, für jedes einzelne Kind einen individuellen Förderplan zu erstellen. Daher habe ich das Formular für die Förderpläne dem Arbeitsplanformular angeglichen, um die Möglichkeit zu geben, den Arbeitsplan als Förderplan für solche Schüler zu nutzen, die den festgelegten Anforderungen bis zum Ende des Schuljahrs folgen können – mit individuellen Abweichungen. In einigen Fällen wird es aber ausreichen, lediglich die Abweichungen vom Arbeitsplan in einem Förderplan festzuhalten. Dabei ist zu überlegen, ob ein Förderplan für eine Kleingruppe von Schülern oder für ein einzelnes Kind angefertigt wird. Unabhängig davon ist es allerdings notwendig, für jeden einzelnen Schüler ein eigenes Deckblatt auszufüllen.

Die Gestaltung des Förderplanformulars

Der Förderplan ist als Tabelle angeordnet. Neben dem veranschlagten **Zeitrahmen** wird das **allgemeine Lernziel** festgehalten. An dieser Stelle wird auch notiert, welcher Bezug zum Lehrplan hergestellt wird und welche verbindliche Anforderung am Ende der zweiten Klasse erreicht werden soll. In einem weiteren Schritt wird der notwendige **nächste Lernschritt** festgehalten. Konkret bedeutet dies, dass das allgemeine Lernziel auf das Ziel des Schülers zugeschnitten wird. Zudem wird festgehalten, in welcher Form die **Fördermaßnahme organisiert** werden kann. An dieser Stelle wird auch fixiert, welche Methoden und Medien für die Förderung genutzt werden können. Nicht zu vergessen sind die **Lernerfolgskontrollen**, die Lehrern und Schülern zur Verfügung stehen. Zuletzt bleibt Platz für **Bemerkungen**. In dieser Spalte kann unter anderem festgehalten werden, wer für den aufgeführten Teil der Förderung verantwortlich ist. Unter der Tabelle bleibt Platz für **sonstige Vereinbarungen**. An dieser Stelle kann notiert werden, ob das Kind sich an (außer)schulischen Fördermaßnahmen beteiligt oder Elterngespräche stattgefunden haben.

Wenn sich der Förderbedarf eines Kindes auf mehrere Beobachtungsbereiche verteilt, muss je nach aktueller Lernsituation des Kindes eine Auswahl von Förderbereichen getroffen werden, von denen anzunehmen ist, dass sie für die Lernentwicklung des Kindes zurzeit vorrangig förderrelevant sind. In solchen Fällen empfiehlt es sich, für jeden Bedarfsbereich einen separaten Förderplan zu erstellen, um die Übersicht über die einzelnen Lernbereiche bei der Reflexion der Ziele zu wahren. Zudem ist es sinnvoll, die Seiten des Förderplans zu nummerieren.

Besteht speziell in einem Lehrbereich intensiver Förderbedarf, so empfiehlt sich unter Umständen, das Formular auf DIN A3 (144%) zu vergrößern, damit genug Platz für die Verschriftlichung der Förderziele zur Verfügung steht.

Des Weiteren ist zu beachten, dass der Förderplan nicht als starres Instrument zu verstehen ist, gegebenenfalls kann er natürlich auch zwischendurch ergänzt werden. So kommt es vor, dass bei der Erstellung des Förderplans ganz andere Aufgaben als Lernzielkontrolle gedacht sind. Manchmal befasst sich das Kind aber so ausdauernd und intensiv mit anderen Arbeitsangeboten, dass dieses Material während der Arbeit mit dem Kind als notwendige und vor allem motivierende Fördermaßnahme erkannt wird und im Förderplan ergänzt werden muss. Diese Ergänzungen wurden z. B. notwendig, wenn ich die für das Kind motivierenden Übungsformen falsch eingeschätzt hatte. Da jedoch gerade das Erhalten der Lernmotivation oberste Priorität im Unterricht besitzt, ergänzte ich in solchen Fällen die vom Kind selbst ausgewählten Übungsformen. Des Weiteren motivierte ich jedoch das Kind, auch die anderen Aufgaben aufzugreifen.

Förderplankonzept

Arbeitsplan für _____

Fach:

Jahrgang:

Zeitrahmen	Unterrichtseinheit	Intentionen	Methoden / Medien	Lernerfolgskontrollen	Bemerkungen

Förderplankonzept

BVK PA33 • Maureen Berndt „Förderplankonzept – konkret und transparent"

Zeitrahmen	Lernziele (allg.) Bezug zum Lehrplan (verbindliche Anforderungen)	Möglicher notwendiger nächster Lernschritt – Ziel des Schülers / der Schülerin	Fördermaßnahmen Organisation der Förderung (Methoden, Medien)	Lernerfolgskontrollen	Bemerkungen (Wer macht was?)

Sonstige Vereinbarungen (außerschulische Fördermaßnahmen, Elterngespräche ...): _____

förderplankonzept

Die Zusammenarbeit mit den Kollegen

Während der Erprobung des Förderplankonzeptes wurde mir bewusst, dass die Zusammenarbeit mit den anderen Kollegen, die mit den entsprechenden Kindern arbeiten, hilfreich und notwendig ist, dass aber auch hier Grenzen auftreten. Für die Erstellung des Deckblattes und den Austausch über die Kinder waren Gespräche im Team überaus wichtig.

Für den fachlichen Bereich stellten wir jedoch recht bald fest, dass es sinnvoller ist, die Förderpläne alleine zu erstellen. Dies gilt besonders dann, wenn die anderen Kollegen im Bereich des vorrangigen Förderbedarfs selbst keinen Unterricht erteilen und so fachlich nicht viel zum Förderplan beitragen können. Wir entschieden daher, die fachlichen Förderpläne in Eigenarbeit zu erstellen und uns anschließend zu einem abschließenden Gespräch zu treffen, bei dem u. a. der Zeitpunkt für die Evaluation festgehalten wurde.

Bei fächerübergreifenden Problemen ist es jedoch durchaus hilfreich, den Förderplan gemeinsam zu erstellen, da in diesem Fall verschiedene Lehrer im selben Förderbereich arbeiten. Es erwies sich als durchaus bereichernd, mit ebenfalls in der Klasse unterrichtenden Kollegen über die betreffenden Kinder zu sprechen, Fördervorschläge auszutauschen und Beobachtungen weiterzugeben. Dadurch gelang uns eine objektivere Darstellung des Kindes. Zudem brachten oftmals auch Kollegen, die ein Kind nur aus Beschreibungen, nicht aber aus der Praxis kannten, Fördermaßnahmen und Organisationsvorschläge mit ein, die sich im Nachhinein als sehr hilfreich erwiesen. An dieser Stelle wurde deutlich, dass die kollegiale Praxisberatung durchaus dazu beitragen kann, durch die objektive Beurteilung eines Kollegen eine geeignetere Form der Förderung zu finden, also gemeinsam Handlungswege für die Förderung zu entwickeln. Die Bedeutung der kollegialen Praxisberatung wird in vielen Kollegien sicher unterschätzt, doch gerade bei der bisher noch ungewohnten Arbeit mit Förderplänen hat sich dieses Element der Beratung als sehr nützlich erwiesen. Es bot die Möglichkeit, andere Perspektiven zur Erweiterung der Handlungsmöglichkeiten zu erfahren, aufzugreifen und die Notwendigkeit von Teamarbeit zu erkennen.

Die Entwicklung und Fortschritte der Kinder

Im Laufe der Erprobung des Förderplans stellte ich bei den meisten Kindern erwartete, aber zum Teil auch unerwartete Fortschritte fest. Die gezielten Förderungen und meine regelmäßige Überarbeitung der Ziele haben dazu beigetragen, dass die Kinder ein Bewusstsein für die Notwendigkeit der intensiven Beschäftigung mit den individuell gestellten Aufgaben entwickelten. So konnten sie immer wieder erkennen, dass sie durch konzentrierte Arbeit die Aufgaben ohne Hilfe erledigen und diese Ergebnisse auch anderen Kindern präsentieren und erklären konnten. Durch die gezielte Förderung, die ich in dem erstellten Förderplan immer wieder punktuell an die Fähigkeiten und Stärken des Kindes angeglichen habe, wurde auch das Selbstbewusstsein der Kinder gestärkt. Speziell die lernschwächeren Kinder setzten (wieder) Vertrauen in ihre eigenen Leistungen, aber auch die lernstarken Kinder wurden motiviert, ihren Lernzuwachs selbst voranzutreiben und mitzugestalten.

Die Fortschritte der Kinder wurden auch von der Klassenlehrerin registriert. Nach ihrer Aussage *„sind gerade die lernschwachen Kinder mutiger geworden"*, sich am Unterricht zu beteiligen. Sicher kann dies auch ohne begleitende Förderpläne gelingen. Trotz anfänglich zusätzlicher Arbeit war es aber gerade in Klassen mit starkem Leistungsgefälle, wie es auch in der flexiblen Schuleingangsphase der Fall sein wird, letztendlich eine große Hilfe, Förderpläne zu schreiben und so die Entwicklung der Kinder auch schriftlich rückverfolgen zu können. Diese Entwicklung ist wahrscheinlich auch durch eine immer wieder durchdachte Ziel- und Zwecktransparenz

BVK PA33 • Maureen Berndt „Förderplankonzept – konkret und transparent"

unterstützt worden. Diese Ziel- und Zwecktransparenz wurde vor allem durch die Frage „Wie will ich meinen Unterricht durch die Förderpläne verbessern?" geleitet.

Während die Kinder zunehmend selbstständiger und selbstbewusster an das angebotene Material herangingen, veränderte sich meine Funktion während der Unterrichtsstunden verstärkt in die eines Beobachters und Helfers.

Zunächst waren die Kinder unsicher, denn die offenen Unterrichtsformen waren ihnen nur wenig bekannt. Schwierigkeiten traten vor allem dadurch auf, dass die Kinder sich selbst falsch einschätzten und zum Teil den stark lehrergelenkten Unterricht forderten. Förderziel vieler Kinder war daher auch die Steigerung der Eigenverantwortlichkeit des Lernens. Schließlich entwickelte sich das Verhältnis vieler Kinder zu den zugeteilten Aufgaben. Meine Rolle veränderte sich mit der Zeit so, dass einige Kinder lediglich auf eine bestimmte Fehlerstelle hingewiesen werden mussten oder ich den Schülern weiterführende Impulse für ihre Arbeit gegeben habe. Manchmal reichte aber auch der allgemeine Hinweis, immer wieder die eigenen Aufgaben an der „Kontrollstelle" zu kontrollieren, was für viele Kinder am Anfang keineswegs selbstverständlich war. So habe ich anfangs die meisten Arbeitsergebnisse der Kinder selbst kontrolliert und auf eine eigenverantwortliche Selbstkontrolle verzichtet. Einige Kinder entwickeln jedoch mit der Zeit, durch die Erteilung kleinschrittiger Arbeitsaufträge, die Fähigkeit und das Selbstvertrauen, einen Teil ihrer Aufgaben selbstständig zu überprüfen. Es ist allerdings auch durchaus möglich, die selbstständige Kontrolle von Aufgaben als Förderziel im Förderplan festzuhalten.

Selbstgesteuertes Lernen und der Umgang mit eigenen Schwächen

Was den Umgang mit Fehlern und das Ausmaß der selbstständigen Arbeit angeht, so hat sich in dem Zeitraum, in dem ich Förderpläne geschrieben habe, bei fast allen Kindern eine Entwicklung vollzogen. Auf Grund der Fixierung der Daten und Fortschritte in Förderplänen konnte ich feststellen, welcher Art die Schwierigkeiten der Kinder waren, welche Aufgaben und Übungsformen sie eigenständig bewältigen konnten, was sie motiviert hat, aber auch an welchen Stellen immer wieder Schwierigkeiten aufgetreten sind.

Zudem hat sich gezeigt, dass es je nach kognitivem Entwicklungsstand des Kindes durchaus hilfreich ist, ihm seinen vorrangigen Förderbedarf bewusst zu machen. Kinder, die schon stärker kognitiv gesteuert sind, sollten wissen, dass sie auf bestimmte Dinge beim Lernen in nächster Zeit verstärkt achten sollten. Dies trägt zur Transparenz der festgelegten Ziele bei und ermöglicht schon früh die Anbahnung einer Selbstevaluation. Das Kind kann auf diese Weise Formen der eigenständigen Zielkontrolle erlernen und einen weiteren Schritt zum selbstgesteuerten Lernen gehen. Die Umsetzung solcher Lernerfolgskontrollen kann wiederum mit dem Kind besprochen und vereinbart werden. Es ist durchaus möglich, auch diese Absprachen mit dem Kind in die Förderplanung aufzunehmen.

Sollte ein Kind in den ersten beiden Jahren in der Schule bereits ein solch ausgeprägtes kognitives Verständnis besitzen, ist es durchaus notwendig, neben den Eltern auch das Kind über das Fortschreiten der Fördermaßnahmen zu informieren. Spätestens ab der Jahrgangsstufe 3 können die meisten Kinder über ihren vorrangigen Förderbedarf informiert werden. Denkbar ist hier zunächst ein Hinweis im Unterricht, auf einen bestimmten Aspekt im eigenen Lernen zu achten und die eigenen Beobachtungen in einem Lerntagebuch festzuhalten.

Die erforderliche Weiterarbeit

Die bis zu diesem Zeitpunkt erprobte und an dieser Stelle dokumentierte Arbeit mit Förderplänen kann nur ein Anfang sein und wird daher auch im Nachhinein noch weiter fortgeführt und weiterentwickelt werden müssen. Auf Grund dessen habe ich das erstellte Formular im

Förderplankonzept

Verlaufe eines Schuljahres immer wieder überarbeitet, bis ein Formular entstanden ist, mit dem das gesamte Kollegium arbeiten konnte. Einige Kollegen zeigten sich von Anfang an sehr interessiert und begannen, auch in ihren Klassen Förderpläne für die Kinder zu schreiben, um auf diese Weise die Entwicklungsfortschritte der Kinder festhalten zu können. Durch die gemeinsame Erprobung der Förderpläne und des entsprechenden Formulars konnten die Wünsche, Vorschläge und Ideen der Kollegen bei der Überarbeitung des Formulars ebenfalls aufgegriffen werden.

Das in diesem Werk vorgestellte Formular zur Erstellung von Förderplänen kann für alle Schulen eine Grundlage sein. In einigen Fällen wird das Formular aber an die spezifischen Wünsche und Anforderungen der einzelnen Schule angepasst werden müssen.
Angesichts der bisher noch nicht abzusehenden Veränderungen durch die flexible Schuleingangsphase wird die Erprobung in den kommenden Schuljahren noch fortgeführt werden müssen. Die endgültige Festsetzung eines Formulars kann daher meines Erachtens erst nach einer intensiven Überprüfung seiner Handhabung im jahrgangsübergreifenden Unterricht erfolgen. Bis dahin können wir nur vermuten, in welcher Weise und in welchem Ausmaß das entwickelte, erprobte und hier angebotene Formular sowohl für die Förderung im Klassenunterricht als auch in jahrgangsübergreifenden Lerngruppen hilfreich ist.

Abschließend lässt sich jedoch festhalten, dass die tabellarische Darstellung der Fördermaßnahmen eine praktikable Form darstellt, die in jedem Fall beibehalten werden sollte. Diese Form bietet den beteiligten Personen die Möglichkeit, alle Planungsgedanken für die Förderung in komprimierter und überschaubarer Form zusammenzufassen. Jeder Interessierte kann die Fördermaßnahmen auf einen Blick überschauen und somit den derzeitigen Lernentwicklungsstand des Kindes begutachten.

Fallbeispiel: Lena

An dieser Stelle werde ich beispielhaft ein Kind vorstellen, seinen Förderbedarf dokumentieren und anschließend auf meine Erfahrungen bei der Erstellung des Förderplans eingehen. Zur besseren Anschaulichkeit werde ich dabei sowohl auf die Verschriftlichung der Daten auf dem Deckblatt eingehen als auch den Förderplan und die darin festgehaltenen Ideen vorstellen. Im Anschluss wird der Förderplan des Kindes beispielhaft angeboten, um Anregungen und Formulierungshilfen für den Einstieg zu geben.

Die Erprobung des Konzeptes habe ich vorrangig in der zweiten Klasse durchgeführt, in der ich die Kinder ein Schulhalbjahr lang in Mathematik unterrichtete. Diese Klasse ist mir bereits früh durch ihre große Leistungsspanne aufgefallen. Einige Kinder haben starken Förderbedarf, andere sind in ihrer mathematischen Entwicklung bereits deutlich weiter, als es der Arbeitsplan verlangt, und bedürfen dadurch einer besonderen Förderung. Das Kind, dessen Förderbedarf ich an dieser Stelle näher erläutern möchte, gehört zu den leistungsschwächsten Kindern der Klasse. Den Eltern ist empfohlen worden, es zurückstellen zu lassen, damit es den Stoff der zweiten Klasse noch einmal erarbeiten kann. In der flexiblen Schuleingangphase würde es also zu den Kindern gehören, die ein drittes Jahr in der Lerngruppe verbringen sollten, bevor sie in die Klasse 3 versetzt würden.

Die Gestaltung des Deckblattes

Lena ist ein kontaktfreudiges und fröhliches Kind, das offen auf andere, besonders auf Erwachsene zugeht. Sie ist hilfsbereit ihren Klassenkameraden gegenüber und bemüht sich mit großem Ehrgeiz, ihr gestellte Aufgaben zu erledigen. Dabei arbeitet sie sehr ruhig und konzentriert. Häufig orientiert sie sich an ihrer Sitznachbarin, die ihr eine gewisse Sicherheit bei der Arbeit gibt. Für Lena ist dabei nicht relevant, ob dieses Kind dieselbe Aufgabe erledigt. Ihre Unsicherheit erklärt sich möglicherweise auch durch ihre angeborene zentrale Fehlhörigkeit. Sie braucht immer wieder Zuspruch durch ihre Mitmenschen, um an einer Aufgabe zu arbeiten, sei es durch Mitschüler oder durch die Lehrperson. Hilfestellungen durch andere Menschen nimmt sie bereitwillig an und bemüht sich, diese umzusetzen.

Beim eigenständigen Bearbeiten von Aufgaben zeigt sie meist wenig Vertrauen in ihre Kenntnisse. Im fachlichen Bereich liegt Lenas große Schwierigkeit in der Entwicklung des Zahlbegriffs, der besonders für die erste und zweite Klasse einen wesentlichen Schwerpunkt des Mathematikunterrichts bildet und die Voraussetzung für die weiteren Inhalte des Unterrichts darstellt. Dies ist ein zusätzlicher Grund, warum der Unterricht dem individuellen Entwicklungsstand des Kindes angepasst werden sollte.

Für den Unterricht bedeutet das, dem Kind zielgerichtete Lernchancen zu eröffnen, die ihm auf der Grundlage der vorhandenen Kompetenzen ermöglichen, die verbindlichen Anforderungen am Ende der Schuleingangsphase zu erreichen.

Lenas vorrangiges Förderziel im Bereich der Mathematik sollte zunächst sein, die Strukturen des Zahlenraums bis 100 zu erkennen und zu verstehen. Dabei sollte darauf geachtet werden, dass die Arbeitsaufträge möglichst kleinschrittig sind. Auf diese Weise kann das Kind zusätzlich Vertrauen in die eigenständige Arbeit entwickeln.

In Gesprächen mit der Klassenlehrerin erfuhr ich, dass Lena neben den Schwierigkeiten im mathematischen Bereich auch Probleme in der Rechtschreibung sowie im mündlichen Sprachgebrauch hat. Die Probleme im mündlichen Sprachgebrauch kommen in allen Unterrichtsfächern zum Tragen, sodass die Förderung dieses Lernbereichs neben der mathematischen Förderung als vorrangiger Förderbedarf des Kindes festgehalten wurde.

Die bis hierhin aufgeführten Daten über das Kind werden auf dem Deckblatt festgehalten.

BVK PA33 • Maureen Berndt „Förderplankonzept – konkret und transparent"

Förderplan für: _Lena L._

Klasse: _2_   **Schuljahr:** _____

Klassenlehrer: _Frau Z._   **Fachlehrer:** _Frau B._

Beginn der Fördermaßnahme: _3.11._

Vorrangiger Förderbedarf:

- O Sozialverhalten
- O Arbeitsverhalten
- O Wahrnehmung
- O Motorik
- O Konzentration
- O schriftlicher Sprachgebrauch
- O Rechtschreibung
- ⊗ mündlicher Sprachgebrauch
- O Lesen
- ⊗ Mathematik
- O Sonstiges: _____

Stärken ~~des Schülers~~ / der Schülerin:

kontaktfreudig, hilfsbereit,

sehr fleißig und ehrgeizig,

große Anstrengungsbereitschaft

Probleme / Grenzen ~~des Schülers~~ / der Schülerin:

geringes Selbstwertgefühl, eingeschränkte Feinmotorik,

zentrale Fehlhörigkeit

beobachtete Selbstwahrnehmung ~~des Schülers~~ / der Schülerin:

schwaches Ich-Bild, wenig Selbstvertrauen

Evaluation des Förderplans am: _12. Januar_

- O **Ziel erreicht am:** _____
- ⊗ **Ziel überarbeitet und neu festgelegt**
- O **Ziel vorläufig zurückgestellt**

    Anmerkung: _Sicherung des Zahlenraums, Orientierungsübungen für weitere vier Wochen_

    festlegen

    überarbeitetes Ziel: Förderung der mündlichen Kommunikation (vgl. Folgeplan)

Förderplankonzept

Lenas Förderplan

In Anlehnung an die Unterrichtsfächer in der Klasse stellte ich mit der Klassenlehrerin den Förderplan für die kommenden Wochen auf. Gemeinsam erstellten wir das Deckblatt für den Förderplan des Kindes und einigten uns auf die vorrangigen Förderbereiche der kommenden Wochen, um Lena nicht durch zu viele Veränderungen zu verunsichern.

Es hat sich nämlich herausgestellt, dass ein Kind deutlich effektiver lernen und arbeiten kann, wenn die gezielte Förderung nur wenige Bereiche betrifft, die derzeit vorrangig förderbedürftig sind, um den Lernerfolg des Kindes in verschiedenen Bereichen zu sichern.

Wie bereits oben erwähnt, waren diese Förderbereiche für Lena einerseits der Aufbau des Zahlenraumverständnisses, speziell aber auch die Förderung des mündlichen Sprachgebrauchs. Bedingt durch ihre angeborene Fehlhörigkeit spricht sie undeutlicher als die meisten Kinder in ihrem Alter. Diese Schwäche ist ihr bewusst, weshalb sie möglichst vermeidet, vor mehreren Personen zu sprechen. Lena soll daher verstärkt in Kleingruppen die Möglichkeit erhalten, vor anderen Kindern zu sprechen und auf diese Weise Selbstvertrauen aufzubauen.

Nach diesen gemeinsamen Absprachen erstellte jeder von uns die entsprechenden Förderpläne für das Kind. Bei einem abschließenden Gespräch tauschten wir unsere Erfahrungen aus und überarbeiteten die erstellten Förderpläne gemeinsam.

Wie bereits erwähnt, lag die zentrale Intention des ersten Halbjahrs in Mathematik darin, den Zahlenraum bis 100 kennen zu lernen und Addition und Subtraktion von Einerzahlen mit und ohne Zehnerübergang zu sichern. Dieses **allgemeine Lernziel** wurde auch für Lena festgehalten. Während sich ein Großteil der Kinder nach einigen Wochen mit den Rechenoperationen im neuen Zahlenraum befassen konnte – so wie es der Arbeitsplan für Klasse 2 vorsieht – war Lena die Struktur des neuen Zahlenraums noch nicht klar. Diese Beobachtung hielt ich als **notwendigen nächsten Lernschritt** des Kindes fest. Im weiteren Verlauf war es dann wieder notwendig, sich die Stärken und Schwächen des Kindes bewusst zu machen, denn ohne diese Basis ist es nur schwer möglich, individuell geeignete Fördermaßnahmen festzulegen. Diese Fördermaßnahmen sowie deren **Organisation** hielt ich in der folgenden Spalte fest. Dabei schienen mir in diesem speziellen Fall Orientierungsübungen an der Hundertertafel sinnvoll. Das Kind sollte zunächst mit Hilfe der Hundertertafel die Struktur des neuen Zahlenraums auf vielfältige Weise kennen lernen. Lenas ausgeprägter Sinn für spielerische Lernformen bildete dabei die Grundlage. Sie sollte lernen, Wege auf der Hundertertafel zu gehen, abgedeckte Zahlen zu benennen sowie zu erkennen, welche Zahlen auf der Tafel in direkter Nähe zu einer ausgewählten Zahl liegen.

Bei Lena erwies es sich als sinnvoll, ihr kurze Arbeitsaufträge zu erteilen, um so ihr Selbstwertgefühl zu steigern. Ich wählte Spiele aus, die ihr und den anderen Kindern bereits seit einiger Zeit als regelmäßige Elemente des Mathematikunterrichts bekannt waren, um damit allen Kindern die Möglichkeit zu bieten, in Phasen der freien Arbeit die Kenntnisse im neuen Zahlenraum zu vertiefen. Dadurch waren Lena diese Spiele bekannt und sie konnte die Übungen zudem mit deutlich leistungsstärkeren Kindern ausüben, die ihr im Unterricht die nötige Sicherheit gaben und mit denen sie ausgesprochen gerne und motiviert zusammenarbeitete. Die Spiele waren derart ausgelegt, dass jedes Kind gezielte Aufgaben ausführen musste und daher auch von Lena Eigenaktivität gefordert wurde. Diese spielerischen Lernformen hielt ich im Förderplan unter der Rubrik **Lernerfolgskontrollen** fest, um so bereits an dieser frühen Stelle der Förderung das selbstständige Lernen des Kindes anzuregen.

Parallel dazu boten mir freie Arbeitsformen im Unterricht die Möglichkeit, einzelne Kinder und deren Lernfortschritte zu überprüfen und zu dokumentieren. Für diese Unterrichtsphasen hatte ich bei Lena das Spiel „Zahlendetektiv" ausgewählt. Ein Spieler wählt eine Zahl im bekannten

Zahlenraum aus und beschreibt diese Zahl. Durch diese Hinweise soll der Mitspieler die Zahl erkennen und benennen können. Zudem bot ich dem Kind Ausschnitte aus der Hundertertafel sowie eine differenzierte Lernzielkontrolle, um die Förderfortschritte zu beobachten und festzuhalten.

Neben dem Klassenunterricht boten sich bei Lena zusätzlich die klassenübergreifenden Mathematik-Förderstunden an, um die Lernerfolgskontrollen durchzuführen. Durch regelmäßige Absprache mit der unterrichtenden Kollegin ließen sich diese Maßnahmen sowohl in den Förderunterricht als auch in den Klassenunterricht integrieren. Diese Absprachen wurden unter dem Punkt **Bemerkungen** festgehalten.
Abschließend vermerkte ich unter dem Punkt **Sonstige Vereinbarungen**, dass Lena am Mathematik-Förderunterricht der Klasse 2 teilnimmt und notierte nach Absprache mit den betroffenen Kollegen die Notwendigkeit, Lenas Eltern über die Gefährdung der Versetzung ihrer Tochter in die Klasse 3 zu informieren.

Sechs Wochen nach Erstellung des ersten Förderplans setzte ich mich mit der Klassenlehrerin zusammen, um die Evaluation der Ziele und die Fortschreibung der Förderpläne vorzunehmen. Zentrale Frage hierbei war, ob Lena und die anderen Kinder die festgelegten Ziele erreicht hatten. In dieser Phase wurden nun die Förderziele einschließlich der dokumentierten Lernfortschritte, Beobachtungen und Erkenntnisse der vergangenen Unterrichtswochen gesichtet und die Ergebnisse ausgewertet. Zudem wurde die Angemessenheit der Ziele, Inhalte und Methoden für jedes einzelne Kind beurteilt. Schließlich führten wir uns die (veränderten) Stärken des Kindes vor Augen, legten den neuen vordringlichen Förderbedarf fest und schrieben die Fördermaßnahmen fort.

Lena hatte gerade in Mathematik durch ihren Arbeitseifer einige Fortschritte gemacht. Sie nahm die angebotenen Fördermaßnahmen gut an und entwickelte die Erkenntnis für erste Strukturen des Zahlenraums. Dennoch war der Umgang mit dem neuen Zahlenraum noch nicht gesichert. Da Lena allerdings gut auf die angebotenen Fördermaßnahmen reagierte, erschien es uns sinnvoll, dieses Förderziel zunächst für weitere vier Wochen festzuhalten.
Des Weiteren entschloss ich mich, die Übertragung der bereits erkannten Strukturen auf Rechenoperationen auszudehnen. Als neues Lernziel für das Kind wurde daher die Zuordnung einfacher Additionsaufgaben mit Hilfe der Hundertertafel festgehalten. Unter Berücksichtigung dieser neuen Aspekte setzten wir den individuellen Förderplan um.

BVK PA33 • Maureen Berndt „Förderplankonzept – konkret und transparent"

Zeitrahmen	Lernziele (allg.) Bezug zum LP (verbindliche Anforderungen)	möglicher notwendiger nächster Lernschritt – Ziel des Schülers / der Schülerin	Fördermaßnahmen Organisation der Förderung (Methoden, Medien)	Lernerfolgskontrollen	Bemerkungen (Wer macht was?)
6 Wochen (3.11–9.12)	• Zahlenraum bis 100 kennen lernen (Zahlenvorstellungen Lehrplan Mathematik, S. 77) • Addition und Subtraktion von Einerzahlen mit und ohne Zehnerübergang (Operationsvorstellungen, Lehrplan Mathe, S. 77)	• Bewusstmachung der Struktur des neuen Zahlenraums	• Orientierungsübungen an der Hundertertafel • abgedeckte Zahlen benennen • Vorgänger und Nachfolger einer Zahl finden • Ausschnitte aus der Hundertertafel • Kurze Arbeitsaufträge, um das Selbstwertgefühl zu steigern (Ich-Stärkung: „Das schaffe ich alleine!")	• Puzzle Wege auf der Hundertertafel „Zahlendetektiv" • Selbstkontrolle oder Partnerarbeit • vorrangige Selbstkontrolle • differenzierte Lernzielkontrolle	• Fachlehrerin

verbindl. Anforderung: im Zahlenraum bis 100 addieren und subtrahieren verschiedene Rechenwege bei Additions- und Subtraktionsaufgaben nutzen (Lehrplan Mathe, S. 84)

| | mündliche Kommunikation (Lehrplan Deutsch, S. 33 sachbezogenes Sprechen) | „Ich kann mich anderen mitteilen." | • Kleingruppen oder Partner, bei denen sie Vertrauen hat, auswählen (ggf. aussuchen lassen), um Sicherheit im Verbalisieren der eigenen Ideen anzubahnen | • z. B. „Zahlendetektiv" (auch als Partnerarbeit) | • Fachlehrerin
• Klassenlehrerin |

verbindl. Anforderung: Sie sprechen mit anderen zu einem Thema, denken es weiter und äußern eigene Meinungen dazu. (Lehrplan Deutsch, S. 46)

Sonstige Vereinbarungen (außerschulische Fördermaßnahmen, Elterngespräche ...): Mathe-Förderunterricht Klasse 2: vorrangig mit oben aufgeführten Fördermaßnahmen;

Die Versetzung von Lena in Klasse 3 ist derzeit gefährdet (Elterngespräch muss stattfinden).

Förderplankonzept

Fallbeispiel: Tim

Tim besuchte zum Zeitpunkt der Erstellung des Förderplans die erste Klasse. Er fiel von Anfang an durch gute Ideen und vor allem gute mathematische Fähigkeiten auf. Tim war jedoch oft nur schwer zu motivieren und verbrachte viel Zeit damit, sich und andere vom Unterricht abzulenken. Auch fiel er durch Schwächen im Bereich der Grob- und Feinmotorik auf.

Im Falle von Tim wäre es denkbar gewesen, dass er die flexible Schuleingangsphase in einem Jahr durchlaufen hätte, speziell auf Grund seiner mathematischen Leistungen im Unterricht. Die fehlende Eigenmotivation, schwache soziale Kontakte zu anderen Kindern der Lerngruppe und die mangelnde Fähigkeit, in einer Kleingruppe zu arbeiten, hätten in diese Überlegung durchaus einfließen müssen. Auf Grund der genannten Schwächen wäre uns daher das Durchlaufen der Schuleingangsphase in zwei Jahren sinnvoller erschienen. Neben einer speziellen Förderung in Mathematik hätte Tim in den ersten beiden Jahren so in seinem grundlegenden Sozialverhalten gefördert werden können.

Die Gestaltung des Deckblattes

Tim ist ein fröhliches Kind, das jedoch Schwierigkeiten in der Kontaktaufnahme zu anderen Kindern zeigt. Auf Lehrpersonen geht er meist offen zu, stellt interessiert Fragen zu den unterschiedlichsten Themenbereichen oder erzählt von seiner Freizeit. Lehrern gegenüber ist er sehr hilfsbereit. Wird er von seinen Klassenkameraden um Hilfe gebeten, gibt er bereitwillig Auskunft, würde diese Hilfe aber nur selten von sich aus anbieten.

Neuen Themen gegenüber ist Tim meist aufgeschlossen, diese anfängliche Motivation lässt jedoch schnell nach. Ist Tim motiviert zu arbeiten, so erledigt er seine Aufgaben zügig und gewissenhaft. Die nötige Arbeitsruhe gewinnt er durch die Arbeit an einem selbst gewählten Einzelplatz. Bei Tim muss jedoch darauf geachtet werden, dass er die Arbeit am Einzeltisch nicht zu oft wählt, da er so den Kontakt zu Klassenkameraden weiter abbaut. Tim soll daher langfristig lernen, seinen Arbeitsplatz am Gruppentisch zu behalten und so in Kontakt zu seinen Mitschülern zu bleiben, ohne diese beim Lernen zu stören.

Im fachlichen Bereich liegt Tims Stärke im Bereich der Mathematik. Knobelaufgaben und Denkspiele sind seine große Leidenschaft. Dabei ist er nicht nur bei der Lösung der Aufgaben motiviert, sondern durchaus auch bereit eigene Rätsel zu erfinden. Diese Stärken des Jungen können für die Förderung der Sozialkontakte im Klassenverband genutzt werden und so die individuelle soziale Entwicklung des Kindes vorantreiben.

Gespräche mit der Klassenlehrerin bestätigten meine Beobachtungen, dass neben der Förderung der sozialen Kontakte und der Eigenmotivation, möglichst bald auch an Tims motorischen Schwächen gearbeitet werden sollte.
Im Gegensatz zum bisher erwähnten Ansatz, lediglich einen Förderschwerpunkt zu setzen, entschlossen wir uns bei Tim, die motorische Entwicklung zeitgleich zu fördern, denn:
„Bewegungsfähigkeit, seelische und kognitive Entwicklung hängen eng zusammen und beeinflussen sich gegenseitig." (Schaffner in: Zimmer / Cicurs, S. 129)

Da bei ihm die Förderung des Sozialen allerdings vorrangige Bedeutung hatte, wurde lediglich darauf geachtet, Bewegungseinheiten aus dem Bereich der Psychomotorik und Edu-Kinestetik im Klassenunterricht einfließen zu lassen. Dadurch wurde einerseits dem Bewegungsbedarf der Lerngruppe stattgegeben, andererseits wurden motorisch schwache Kinder wie Tim gezielt

BVK PA33 • Maureen Berndt „Förderplankonzept – konkret und transparent"

gefördert. Zusätzlich bekam Tim den Klassenposten des Boten. Da er Nachrichten zuverlässig überbringt und solche Aufträge gewissenhaft ausführt, schien er uns geeignet für diese Aufgabe. Er nahm diesen Posten gerne an. Als Bote musste er auf dem Weg durch das Gebäude Treppenstufen steigen, was ihm zum Zeitpunkt der Einschulung noch Schwierigkeiten bereitete, im Laufe der ersten Monate in der Schule aber zunehmend besser gelang. Diese Fähigkeit wurde durch den Botendienst zusätzlich trainiert. Zudem bekam Tim das Gefühl, für die Gruppe wichtige Aufgaben zu erledigen und dazuzugehören.

Die bis hierhin aufgeführten Informationen über das Kind wurden wiederum auf dem Deckblatt festgehalten.

Förderplankonzept

Förderplan für: _Tim_

Klasse: _1a_   **Schuljahr:** _____

Klassenlehrer: _Frau H._   **Fachlehrer:** _Frau B., Frau P._

Beginn der Fördermaßnahme: _20.11._

Vorrangiger Förderbedarf:

- ⊗ Sozialverhalten
- O Arbeitsverhalten
- O Wahrnehmung
- ⊗ Motorik
- O Konzentration
- O schriftlicher Sprachgebrauch
- O Rechtschreibung
- O mündlicher Sprachgebrauch
- O Lesen
- ⊗ Mathematik
- O Sonstiges: _____

Stärken des Schülers / ~~der Schülerin~~:

fröhlich, stellt interessiert Fragen an die Lehrperson, neuen Themen gegenüber meist aufge-
schlossen,

sehr interessiert im mathematischen Bereich, besonders an Knobelaufgaben und Rätseln

Probleme / Grenzen des Schülers / ~~der Schülerin~~:

kaum Kontakt zu anderen Kindern, anfängliche Arbeitsmotivation lässt schnell nach,

eingeschränkte Fähigkeiten im Bereich der Grobmotorik

beobachtete Selbstwahrnehmung des Schülers / ~~der Schülerin~~:

fühlt sich von den anderen Kindern bei der Arbeit gestört (wünscht daher Einzelplatz), keine
Freunde in der Klasse

Evaluation des Förderplans am: _23. Januar_

- O **Ziel erreicht am:** _____
- ⊗ **Ziel überarbeitet und neu festgelegt**
- O **Ziel vorläufig zurückgestellt**

  Anmerkung: _Ein Gespräch der Beteiligten findet noch vor den Weihnachtsferien statt_
  (voraussichtlich zwischen dem 4. und 10.12.).

Der Förderplan für Tim

Auch bei Tim setzte ich mich mit der Klassenlehrerin zusammen, um gemeinsam den Förderplan für die kommenden Wochen zu erstellen. Die vorrangigen Förderbereiche konnten dabei nicht gezielt auf den Unterricht *eines* Lehrers bezogen werden und verlangten so eine intensive Zusammenarbeit der unterrichtenden Lehrpersonen dieser Klasse. Tims Förderung war somit einerseits umfassender als beispielsweise bei Lena, andererseits kann gerade der Bereich der sozialen Förderung nicht so kleinschrittig erfolgen, da der gesamte Unterricht betroffen ist. Wir verabredeten daher Tims Zusammenarbeit mit anderen Kindern nach Möglichkeit täglich durchzuführen, jedoch den Einzeltisch weiterhin als Option zu behalten. Mit dem Kind selbst wurde diese Maßnahme besprochen. Tim ist trotz seines jungen Alters von seiner intellektuellen Fähigkeit her bereits in der Lage, über einige Arbeitsschwerpunkte informiert zu werden, auf deren Einhaltung er auch selbst achtet. Auf diese Weise lernt er bereits jetzt über sein Verhalten und seine Fortschritte zu reflektieren.

Entsprechend unserer gemeinsamen Überlegungen formulierte ich mit der Klassenlehrerin Tims Förderplan für die kommenden Unterrichtswochen. Wir erstellten auch hier gemeinsam das Deckblatt und einigten uns auf die vorrangigen Förderbereiche. Wir achteten jedoch darauf, Tim mit wenigen Förderschwerpunkten möglichst umfassend zu fördern. Seine mathematischen Talente sollten sich vor allem in der Nutzung der Knobelecke weiterentwickeln, während Motorik und Sozialverhalten vorrangig in der Förderplanung Beachtung finden sollten. Gerade durch eine Steigerung der motorischen Fähigkeiten und einer besseren Eingliederung in die Lerngruppe sollte Tims Lernmotivation gesteigert werden. Psychomotorik und Lernentwicklung des Kindes hängen eng zusammen und waren auch deshalb für uns entscheidend, zunächst diese Basisqualifikation des Kindes zu trainieren.

Als **allgemeines Lernziel** für Tim wurde festgehalten, dass der Junge ein Teil der Klassengemeinschaft werden soll. Er sollte erkennen, dass er für die anderen Kinder wichtig ist und seine Aufgaben der Klassengemeinschaft dienen. Ebenso musste er lernen, dass die anderen Kinder der Klasse ihm ebenfalls Hilfen geben können.

Als **notwendigen nächsten Lernschritt** des Kindes hielten wir fest, dass Tim zunehmend am Gruppentisch arbeiten soll, um so zu erreichen, dass er Teil der Klassengemeinschaft wird. Die Einzelarbeit am Gruppentisch ist notwendige Vorraussetzung für Partner- und Kleingruppenarbeiten, zu denen Tim noch nicht in der Lage war. Tim sollte zunächst lernen, dass er einerseits in der Lage sein muss, am selben Tisch wie andere Kinder zu arbeiten, ohne sich von ihren Handlungen ablenken zu lassen, andererseits aber auch selbst zu erkennen, dass die anderen Kinder ebenfalls eine gewisse Ruhe zur Durchführung ihrer Aufgaben benötigen.

Des Weiteren wurden auf einem weiteren Bogen Ziele festgehalten, die bei der Förderung zeitgleich beachtet werden sollen, nicht aber das vorrangige Förderziel darstellen. Auf diesem Bogen wurden die gewählten Bewegungseinheiten zur Förderung der Grobmotorik sowie angebotene mathematische Knobeleien aufgeführt.

Geeignete **Fördermaßnahmen** für den sozialen Bereich zu finden war zunächst nicht so einfach, da diese Fördermaßnahmen meist wenig greifbar sind. Positive Verstärkung durch Lob und stetige Motivation sollten das Kind dazu ermuntern, täglich einige Zeit am Gruppentisch zu verbringen. Dieser Zeitraum beschränkte sich am Anfang auf wenige Minuten. Daraus ergab sich gleichzeitig der notwendige nächste Lernschritt des Kindes. Tim sollte sich zunächst darauf einlassen, am morgendlichen Stuhlkreis teilzunehmen und den Erzählungen der anderen Kinder zuzuhören. Je nach Tagesform sollte das Kind zusätzlich wenige Minuten am Vormittag am Gruppentisch verbringen und dort seine Aufgaben ausführen.

BVK PA33 • Maureen Berndt „Förderplankonzept – konkret und transparent"

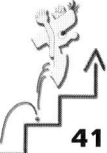

Für den Mathematikunterricht überlegte ich, Tim das Angebot zu machen, selbst Knobelaufgaben zu erfinden. Als langfristiges Förderziel hatte ich dabei vor Augen, den Jungen diese Aufgaben im gemeinsamen Erzählkreis vorstellen zu lassen.

Lernerfolgskontrollen für Tim zu finden, war dagegen zunächst schwierig. Wir dachten zu kompliziert und suchten handfeste Kontrollformen. In Tims Fall aber waren die Erfolge nicht greifbar und aus diesem Grund nur durch die Beobachtung des Kindes und die Dokumentation seines Verhaltens möglich.

Neben dem Klassenunterricht nimmt Tim an einer klassenübergreifenden Mathe-Knobel-Stunde teil. Durch Absprachen mit der unterrichtenden Kollegin sollte auch hier versucht werden, Tim Teil der Gemeinschaft werden zu lassen. In dieser kleineren Unterrichtsgruppe konnte Tim nun zunächst Erfahrungen bei der Teilnahme am Stuhlkreis gewinnen. Außerdem sollte er auch hier immer wieder ermuntert werden, seine Lösungen der Knobelaufgaben den Schülern der Gruppe zu präsentieren.

Da die Seiten von Tims Förderplan den gesamten Unterricht betrafen, zeichnete das gesamte Team den Förderplan in der Spalte **Bemerkungen** mit Namenskürzel ab. Dadurch vermerkten wir unsere gemeinsame Verantwortung für die angedachten Maßnahmen. Abschließend hielten wir unter dem Punkt **Sonstige Vereinbarungen** fest, dass Tim spezieller motorischer Unterstützung bedarf und nach Möglichkeit spätestens zum nächsten Halbjahr einen Platz in der Sport-Fördergruppe erhalten soll. Da dieses Angebot außerhalb des Unterrichtsvormittages besteht, müssen Tims Eltern kurzfristig über diesen Vorschlag unterrichtet werden. Außerdem sollen sie die motorische Förderung ihres Sohnes zu Hause weiterführen, um die Fortschritte des Kindes zu sichern.

Um Tims Entwicklung, speziell im sozialen Bereich, kurzfristig begutachten zu können und über die geplanten Förderansätze zu reflektieren, setzten wir einen ersten Gespächstermin 14 Tage später fest. Zu diesem Zeitpunkt sollte sich gezeigt haben, ob Tim auf die festgelegten Maßnahmen anspricht. Wir stellten fest, dass die grundlegenden Ideen für Tim sinnvoll erschienen und legten die Förderung zunächst für weitere sechs Wochen fest.

Tim hat in seinem Sozialverhalten Fortschritte gemacht. Einzelaufgaben mit einer Dauer von etwa 10-15 Minuten kann er in der unmittelbaren räumlichen Nähe anderer Kinder nach einem halben Jahr Förderung durchführen. Zudem ist er bereit, einen Partner mit an seinen Einzeltisch zu nehmen und dort kurze Partneraufträge zu erledigen. Tim macht nur langsam Fortschritte, erkennt aber seine Schwäche und bemüht sich darum, die Hilfen, die ihm gegeben werden, umzusetzen. Hilfreich ist für ihn die Motivation durch „Stempel" auf einer für ihn angelegten Karte. Auf diese Weise wird eine gelungene Partnerarbeit oder Arbeitsphase am Gruppentisch für das Kind zusätzlich visualisiert. Für Tim wurde das ausgewählte Förderziel bei der Überarbeitung im Januar für weitere 12 Wochen festgelegt, da die gewählten Maßnahmen allgemein anschlugen, aber konsequenter Einhaltung bedürfen, um das erreichte Verhalten zu sichern.

Insgesamt waren meine Erfahrungen mit Förderplänen sehr positiv. Da gerade die ersten Förderpläne sehr arbeitsintensiv waren, war es umso schöner, zu sehen, dass die Fördermaßnahmen bei den Kindern Erfolg zeigten. Sie arbeiteten durchweg motivierter, je individueller der Förderplan auf das einzelne Kind zugeschnitten wurde.

BVK PA33 • Maureen Berndt „Förderplankonzept – konkret und transparent"

Zeitrahmen	Lernziele (allg.) Bezug zum LP (verbindliche Anforderungen)	möglicher notwendiger nächster Lernschritt – Ziel des Schülers / der Schülerin	Fördermaßnahmen Organisation der Förderung (Methoden, Medien)	Lernerfolgskontrollen	Bemerkungen (Wer macht was?)
20.11.-23.1.	• „Ich bin ein Teil der Klassengemeinschaft"	• Arbeiten am Gruppentisch ausführen, ohne sich von den anderen Kindern ablenken zu lassen • Teilnahme am morgendlichen Erzählkreis	• kurze Aufgaben am Gruppentisch ausführen (ca. 5 Minuten, langsam steigern) • konsequentes Einfordern der Einhaltung der Klassenregeln, („Ich höre zu, wenn ein anderes Kind spricht") Lob bei positivem Verhalten	• Beobachtung Stempelkarte • Beobachtung	• Frau H., Frau B. • s. o.
	• „Jedes Kind hat ein Recht auf ruhiges Arbeiten"	• auch andere Kinder dürfen bei der Arbeit nicht gestört werden • „Ich kann meine Aufgaben anderen Kindern anbieten!"	• konsequentes Einfordern der Einhaltung der Klassenregeln, Lob bei positivem Verhalten • Mathe-Knobel-Stunde eigene Knobelaufgaben erfinden anschließend ein Kind der Lerngruppe auswählen und die Aufgabe (zunächst mit Unterstützung der Lehrperson) anbieten	• Beobachtung • geschriebene Aufgaben Beobachtung	• s. o. • Frau P.
	psychomotorische Förderung	Bewegungsspiele zur Förderung der Psychomotorik	Bewegungslieder mit mehrteiligen Bewegungshandlungen (z. B. die Maus auf Weltreise, Das rote Pferd ...)		• Frau H.

Sonstige Vereinbarungen (außerschulische Fördermaßnahmen, Elterngespräche ...): Mathe-Förderunterricht Klasse 2: vorrangig mit oben aufgeführten Fördermaßnahmen;

(Elterngespräch muss stattfinden)

förderplankonzept

Vorstellung des entwickelten Konzeptes im Kollegium

Da die Erprobung eines schuleigenen Förderkonzeptes zwar die Mitarbeit aller Kollegen erfordert, in den seltensten Fällen aber alle Kollegen an der Entwicklung des Förderkonzeptes beteiligt sein können, ist es sinnvoll, das Kollegium im Rahmen einer schulinternen Lehrerfortbildung über das Konzept und die Hintergründe zu informieren.
In dieser Fortbildung berichtet die Arbeitsgruppe, die sich mit der Entwicklung des Konzeptes beschäftigt hat, einerseits über ihre Arbeit. Andererseits ist es hilfreich, an dieser Stelle neben der reinen Information gleichzeitig auch einen praktischen Einstieg in die Arbeit mit Förderplänen zu gewähren.
Um ganz gezielt auf die Vorerfahrungen, Fragen und Wünsche der Kollegen eingehen zu können, also das Kollegium in die Planung mit einzubeziehen, ihnen anschließend die selbstständige Auseinandersetzung mit dem Konzept zu ermöglichen und schließlich gemeinsam mit dem Kollegium das Konzept zu reflektieren, bietet es sich an, den Kollegen zunächst einen Fragebogen (siehe S. 44) bezüglich ihrer Vorerfahrungen an die Hand zu geben.

Die zentrale Intention der Konferenz sollte darin bestehen, das Interesse des Kollegiums für die Arbeit mit Förderplänen zu gewinnen und ihre Ängste bezüglich der neuen Anforderungen abzubauen. Sie sollen einen Einstieg in die Arbeit mit Förderplänen erhalten, um die Arbeit mit Förderplänen anschließend in ihren Unterrichtsalltag aufzunehmen und als selbstverständliches Element ihrer täglichen Arbeit zu akzeptieren.
Um alle Teilnehmer mit der Thematik vertraut zu machen, ist es ratsam, sich an folgenden Kernfragen zu orientieren:
- Was ist ein Förderplan?
- Wie soll er aussehen?
- Wozu brauchen wir Förderpläne?

Anschließend sollte das entwickelte Formular vorgestellt und im Kreise des Kollegiums diskutiert werden. Dabei können bereits gemachte Beobachtungen über auffällige Kinder dazu dienen, gemeinsam einen schuleigenen Förderplan zu erstellen. So können im Kollegium erste Erfahrungen ausgetauscht, auftretende Schwierigkeiten diskutiert und Verbesserungsvorschläge angeboten werden.
Aus dieser gemeinsamen Diskussion können schließlich notwendige Änderungen für das schuleigene Förderplanformular hervorgehen.

Einmal entwickelt, erprobt und überarbeitet kann das Förderplanformular als Kopiervorlage zur Verfügung gestellt oder auch in elektronischer Form angeboten werden, beispielsweise auf dem Computer im Lehrerzimmer. Auf diese Weise steht das Formular jedem Kollegen jederzeit zur Verfügung.
Im Anschluss an die Konferenz kann zudem eine schriftliche Rückmeldung an die Arbeitsgruppe erfolgen.

Fragebogen

1. Haben Sie sich bereits über Förderdiagnostik und Förderpläne informiert, oder in ihrer Klasse mit Förderplänen gearbeitet?

O Ja, ich habe einige Fachartikel zum Thema gelesen.

O Ja, ich arbeite seit _____ mit Förderplänen.

O Ja, ich habe an einer Fortbildung teilgenommen. Thema der Fortbildung: _____

_____

2. Erscheint es Ihnen sinnvoll, Förderpläne einheitlich zu gestalten?

O absolut notwendig

O durchaus sinnvoll

O unentschlossen

O Nein, die Kooperation im Kollegium klappt auch ohne einheitliches Konzept.

3. Haben Sie Interesse daran, an der Entwicklung eines schulinternen Förderplans mitzuarbeiten?

O ja

O nein

4. In welchen Arbeitsbereichen sehen Sie den größten übergreifenden Förderbedarf?

O Bewältigung von Disziplinkonflikten

O Förderung des Sozialverhaltens

O Förderung des Arbeitsverhaltens

O Motorik

O Wahrnehmung

O Sprache

O Kognition

O Sonstiges: _____

5. Wie halten Sie Ihre Beobachtungsergebnisse fest?

O Lernfortschrittskartei

O Schülerbeobachtung in Form von Klassenbögen

O Individuelle Beobachtungsbögen für die Schüler

O Sonstiges: _____

6. Welche Schwierigkeiten sehen Sie bei der Erstellung von Förderplänen?

O Zeitmangel

O Kommunikationsschwierigkeiten

O Widerstände gegen das Vorhaben

O Koordinationsschwierigkeiten

O Sonstiges: _____

Förderplankonzept

7. Abschließende Bemerkungen oder Wünsche zu Förderplänen in der Grundschule, Ergänzungen und Kommentare zum Fragebogen:

_____

_____

_____

_____

_____

_____

_____

_____

Vielen Dank.

Rückmeldebogen im Anschluss an die Konferenz

1. Wie hat Ihnen die Veranstaltung gefallen?

O sehr gut

O gut

O mittelmäßig

O nicht so gut

weil: _____

2. Wie beurteilen Sie die Organisation der Konferenz?

O sehr gut

O gut

O mittelmäßig

O nicht so gut

weil: _____

3. Wie empfanden Sie die Zeitstruktur? Die Veranstaltung war …

O … zu lang

O … genau richtig

O … zu kurz

weil: _____

4. a) An welcher Stelle hätten Sie gerne mehr Zeit gehabt?

_____

_____

b) An welcher Stelle hätte gekürzt werden können?

_____

_____

5. War die Arbeitsphase Ihrer Meinung nach effektiv?

O ja

O geht so

O nein

weil: _____

6. Wurden Ihre Erwartungen an die Konferenz erfüllt?

O ja

O geht so

O nein

weil: _____

Förderplankonzept

7. Wurden Ihre Fragen in der Konferenz beantwortet?

O ja

O nein

Wenn nicht, welche Fragen sind noch offen oder stellen sich Ihnen jetzt im Anschluss an die Konferenz?

_____

8. Hat die Konferenz Sie ermutigt, Förderpläne in Ihre Arbeit aufzunehmen?

O ja

O weiß nicht

O nein

weil: _____

9. Wenn ja, würden Sie dazu das vorgestellte Formular verwenden?

_____

10. Was würden Sie an dem Formular gerne ändern? Was fehlt Ihnen? Was erscheint Ihnen überflüssig?

_____

_____

11. Würden Sie gerne noch weiter zu dem Thema arbeiten oder Rückmeldung und Hilfestellungen erhalten? Oder wäre es für Sie eine Hilfe, während der Arbeitstreffen eine Arbeitsgruppe „Förderpläne" einzurichten?

O mehr Informationen

O Rückmeldung / Hilfestellung

O Arbeitsgruppe

12. Besondere Anmerkungen:

_____

_____

_____

_____

Literaturverzeichnis

• **Barthel, Martina:**
Schulanfang zwischen Test und Tüte
In: Grundschule, 7-8/2003, S. 30-33

• **Bartnizky, Horst / Portmann, Rosemarie:**
Leistung der Schule – Leistung der Kinder. Arbeitskreis Grundschule – Der Grundschulverband e. V. Frankfurt/Main 1992

• **Bartnizky, Horst / Christiani, Reinhold (Hrsg.):**
Berufseinstieg: Grundschule. Leitfaden für Studium und Vorbereitungsdienst. Berlin, 2002.

• **Besler, Heidrun / Veit, Bärbel:**
Arbeit mit Förderplänen – auch in der Grundschule?
In: Grundschule, 7-8/2003, S. 39-42

• **Beuting, Anna / Drestomark, Marlies:**
Verknüpfung von Bewegung und Lernen als Unterrichtsprinzip im Anfangsunterricht Mathematik und Sprache In: Zimmer, Renate / Hunger, Ina (Hrsg.): Kindheit in Bewegung. Schorndorf 2001, S. 232-238

• **Bönsch, Manfred:**
Variable Lernwege. Ein Lehrbuch der Unterrichtsmethoden. Paderborn 1995

• **Christiani, Reinhold (Hrsg.):**
Schuleingangsphase: neu gestalten. Diagnostisches Vorgehen. Differenziertes Fördern und Förderpläne. Jahrgangsübergreifendes Unterrichten. Berlin 2004

• **Drews, Ursula / Wallrabenstein, Wulf (Hrsg.):**
Freiarbeit in der Grundschule. Offener Unterricht in der Theorie, Forschung und Praxis. Grundschulverband – Arbeitskreis Grundschule. Frankfurt/Main 2002

• **Eggert, Dietrich:**
Von den Stärken ausgehen … Individuelle Entwicklungspläne (IEP) in der Lernförderungsdiagnostik. 2. verb. Auflage, Dortmund 1997

• **Faust-Siehl, Gabriele u. a. (Hrsg.):**
Die Zukunft beginnt in der Grundschule. Empfehlungen zur Neugestaltung der Primarstufe. Arbeitskreis Grundschule – Der Grundschulverband e. V., Frankfurt/Main 1996

• **Füssenich, Iris:**
Diagnostik, und dann?
In: Grundschule, 5/2003, S. 8-9

• **Gesetz zur Stärkung von Bildung und Erziehung:**
(Schulrechtsänderungsgesetz 2003), § 10a
In: Amtsblatt NRW 8/03

• **Guder, Rudolf:**
Bewegte Spiele im Mathematikunterricht der Anfangsphase des 1. Schuljahres
In: Niedersächsisches Kultusministerium; Techniker Krankenkasse, Landesvertretung Niedersachsen (Hrsg.): Bewegte Schule. Hannover, S. 55-61

• **Gudjons, Herbert:**
Pädagogisches Grundwissen. Bad Heilbrunn 1997

• **Gudjons, Herbert:**
Die themenzentrierte Interaktion (TZI). Ein Weg zum persönlich bedeutsamen Lernen. In: Pädagogik 11/1995, Weiheim 1995, S. 10-13

• **Günther, Herbert:**
Wahrnehmungsauffällige Kinder in der Grundschule. Praktische Hinweise für Lehrer zu Diagnose und Förderung. Leipzig: Klett 1998

• **Heese, G:**
Enzyklopädisches Handbuch der Sonderpädagogik. Bd. 2, o. O. 1996

• **Knauf, Tassilo:**
Einführung in die Grundschuldidaktik. Lernen, Entwicklungsförderung und Erfahrungswelten in der Primarstufe. Stuttgart 2001

• **Ledl, Viktor:**
Kinder beobachten und fördern. Eine Handreichung zur gezielten Beobachtung und Förderung von Kindern mit besonderen Lern- und Erziehungsbedürfnissen bzw. sonderpädagogischem Förderbedarf. Wien 2003

• **Lorenz, Jens-Holger:**
Eingangsdiagnostik im Mathematikunterricht
In: Grundschule, 5/2003, S. 17-18

• **Lorenz, Jens-Holger:**
Diagnostik mathematischer Fähigkeiten in Klasse 1 und 2
In: Grundschule, 5/2003, S. 19-21

• **Ministerium für Schule, Wissenschft und Forschung des Landes NRW (Hrsg.):**
Grundschule-Richtlinien und Lehrpläne. Schriftenreihe Schule in NRW Nr. 2001. Frechen 1985

• **Ministerium für Schule und Weiterbildung, Wissenschaft und Forschung des Landes NRW (Hrsg.):**
Evaluation – eine Handreichung. Frechen: Ritterbach 1999.

• **Ministerium für Schule und Jugend und Kinder des Landes Nordrhein-Westfalen:**
Grundschule - Richtlinien und Lehrpläne. Schriftenreihe Schule in NRW Nr. 2012. Frechen 2003

• **Ministerium für Schule und Jugend und Kinder des Landes NRW (Hrsg.):**
Erfolgreich starten! Schulfähigkeitsprofil als Brücke zwischen Kindergarten und Grundschule. Eine Handreichung. 2003

• **Ministerium für Schule und Jugend und Kinder des Landes NRW (Hrsg.):**
Häufig gestellte Fragen zur Schuleingangsphase. Stand: 01.09.2003

• **Ministerium für Schule und Jugend und Kinder des Landes NRW (Hrsg.):**
Konzept zur Schuleingangsphase. Bildungspolitische, pädagogische und organisatorische Eckpunkte. 2003

• **Schipper, Ingrid:**
Der Schulversuch „Integrierte Eingangsstufe"
In: Grundschule, 7-8/2003, S. 35-36

• **Schrodin, Christiane:**
Wege zum schuleigenen Förderkonzept
In: Ministerium für Bildung, Wissenschaft und Weiterbildung in Rheinland-Pfalz: Hinreichung zur Durchführung von Integrierten Fördermaßnahmen. Mainz 2000, S. 21-30

• **Städt. Katholische Grundschule I, Kempen:**
Schulprogramm. Unveröffentlichtes Skript

• **Thurn, Susanne:**
Laborschule in Bielefeld. Voneinander lernen – miteinander leben – einander stärken
In: Heyer, Peter / Sack, Lothar / Preuss-Lausitz, Ulf (Hrsg.): Länger gemeinsam lernen. Positionen – Forschungsergebnisse – Beispiele. Grundschulverband – Arbeitskreis Grundschule e. V. Frankfurt/Main 2003, S. 156-162

• **Urbanek, Rüdiger:**
Unterrichten in der Schuleingangsphase
In: Klexer. Magazin für die Grundschule. Sonderausgabe 2004, S. 4-13

• **Vester, Frederic:**
Denken, Lernen, Vergessen. Was geht in unserem Kopf vor, wie lernt das Gehirn, und wann läßt es uns im Stich? München 1998

Weitere Literatur aus dem Internet:

• **Landesinstitut für Schule NRW, Soest:**
Materialien zur Schuleingangsphase NRW
In: *http://www.learn-line.nrw.de/angebote/schuleingang/pdf/jahrgangsueb-lfs.pdf*; Stand: 24. Januar 2004

• **Hofmann, Dr. Jan (Hrsg.):**
FLEX-Handbuch 6b. Förderdiagnostische Lernbeobachtung.
In: *www.lisum.brandenburg.de*; Stand: 24. Januar 2004

• **Kultusministerium des Landes Sachsen-Anhalt:**
Grundsatzband der Richtlinien des Landes Sachsen-Anhalt.
In: *www.rahmenrichtlinien.bildung-lsa.de/pdf/entwurf/lpgrndsbd.pdf*; Stand: 10. August 2004